AQUARIUS

AQUARIUS

AQUARIUS

AQUARIUS

Vision

一些人物，
一些視野，
一些觀點，
與一個全新的遠景！

放下恐懼、焦慮、偏見與自戀，找回幸福快樂

How to Find a Black Cat in a Dark Room (Especially When There is No Cat): The Psychology of Intuition, Influence, Decision Making and Trust

如何在黑暗房間找一隻黑貓

尤其是在沒有貓的情況下

雅各．布拉克（Jacob Burak）著
郭書彩&胡紫薇譯

【推薦序】

聰明人懂得要好好善用這本書

文◎耿一偉（台北藝術大學戲劇系兼任助理教授）

二〇一八年在倫敦舉辦的猶太文學週（Jewish Book Week）發表會上，本書作者雅各．布拉克（Jacob Burak）一上臺，便要求觀眾想像，如果將宇宙大爆炸至今的歷史，濃縮成一天，那麼小行星造成恐龍滅絕是午夜前六分鐘，直到午夜前的三十秒，猿猴才出現，智人不到最後一秒前才存在，而人類的歷史則發生在最後三百分之一秒。這段開場所依據的，是本書第二篇裡的文章〈為什麼聰明人會犯愚蠢的錯？〉。

布拉克在第三篇裡的〈馬太效應〉一文所指出的，如果一開始就占有優勢，那麼之後的優勢會持續拉大。就演講來說，講者勢會慎選開場的內容來創造馬太效應，因為它對觀眾造成的印象，將主導之後演說的方向。在開場這段演講中，布拉克企圖強調的，是演化對我們造成的影響，特別是我們與黑猩猩有九十八．七六%的共同基因組合。當我們在玩著手機，沉浸在各種科技的影音設備時，我們覺得自己是獨一無二的世界主宰者，但真相是，身體不會騙人，我們還是黑猩猩。

我們的身體與大腦的感知方式與判斷模式，都還停留在跟黑猩猩一樣處在森林中，隨時留意各種天敵的威脅狀態。即使身處在安全的文明社會中，我們依舊習慣放大各種威脅，免不了會過度憂慮。如同諾貝爾經濟學獎得主丹尼爾．康納曼（Daniel Kahneman）在二〇一一年出版的暢銷書《快思慢想》所討論的大量例證，日常生活中存在許多認知謬誤的存在，讓我們無法獲得幸福。但與《快思慢想》不同的，《如何在黑暗房間找一隻黑貓》的重點不在學術研究，而是藉由通俗易懂的文字結合個人軼事與科學研究，讓讀者可以快速找到那隻代表幸福的黑貓。

最後三百分之一秒的數千年歷史所累積的文明成果，與同時存在我們身上二十五萬年演

化的智人身體的本性所造成的衝突，是這本書經常浮現的主題。布拉克連續好幾次提到的一件事，是根據英國牛津大學演化心理學家鄧巴的研究，我們不具備區分超過一百五十個群體成員的情感與智力，而這個數量恰好跟新石器時代的農莊平均人數規模類似。換句話說，雖然社交媒體可以讓我們好像擁有好幾千、甚至數萬的朋友，但我們停留在新石器時代的大腦並不具備處理如此大量人際關係的認知能力。資訊爆炸，但大腦還是原始的，所以認知會超載，錯失的恐懼與焦慮就因此產生，可是這些都是不必要的。

美國精神科醫師菲爾．史坦茲（Phil Stutz）認為人生有三件事是沒辦法改變的，一是永遠有痛苦，二是永遠有意外，第三是永遠有做不完的事。這三件事造成我們無法達到幸福。我們唯一能做的，是在暫時脫離這三件事的時候，能暫時感受到快樂，也就是所謂的離苦得樂。你無法一勞永逸地消滅這些狀態，就算你是總統或國王，一樣得面對這三件事。但是知道每個人都一樣得面對三個不幸，能夠減緩我們不必要的痛苦，因為我們總是過度憂慮。這也是布拉克書寫這本書的動力。

《如何在黑暗房間找一隻黑貓》以〈值得過的生活〉、〈為什麼聰明人會犯愚蠢的錯？〉、

〈一切都井然有序〉、〈人海獨行〉四大篇章，透過三十二篇文章，協助我們減緩人生無法避免的不幸。如果你知道錯失的恐懼所造成的痛苦是不必要的，甚至懂得如何克服它，你就能將精力花在值得過的生活上。當你學會不再犯下愚蠢的錯，不但可以避免痛苦，還能減少意外的產生。而將生活變得井然有序，可以把事情做得更有效率。懂得信任與競爭都是社會發展的必然產物，學會找到自我的平衡，就能在茫茫人海中自在獨行，不受現代性的自戀病所牽絆。

布拉克吸收生物演化、統計學、心理學與行為科學的最新研究成果所寫出來的文章，宛如一盞盞手電筒，照亮人生的不同黑暗角落，讓黑貓無所遁形。他在最後的〈尾聲〉強調，生命有限，唯有體驗到這一點，我們才能積極掌握時間，實踐人生。這些文章的功能，是讓讀者不要再輪迴在不必要的痛苦與懊悔當中。收錄在第一篇的〈但願〉一文，談到五個瀕臨死亡前最常見的懊悔，總結來說，都跟物質享受或人生成就無關，而是有沒有好好善用時間去實現自我，關懷他人。

我自己覺得最啟發的，是本書解決了我長期以來的疑惑，為什麼在這個網路時代，道德

往往淪為集體霸凌現象的幫手。布拉克在〈冰冷的手，還是溫暖的心〉一文指出，人與人之間若見過彼此，熱情是最重要的關鍵，而當沒見過面時，比如在報紙上讀到關於某人的訊息時，品德則成了決定性因素。當我們真的認識一個人時，人格魅力比較重要，在網路世界，道德變成判斷他人的唯一標準，於是很容易出現被道德綁架的狀態。但光有道德不能真正解決問題，一方面是這些網路訊息不見得是真的，我們的道德感卻輕易被動員，再者是我們若有機會認識到本人，可能會有不同的判斷。

《如何在黑暗房間找一隻黑貓》讓我們懂得謙虛，而謙虛伴隨而來的包容，為生命帶來希望。

前言

本書的英文書名，源於西方人偽造的一句孔子名言：「天下最難的事情是在黑暗的房間裡找到一隻黑貓，尤其是在沒有貓的情況下。」也就是說，在開始尋找之前，你最好知道自己要找什麼。那些對要尋找的事物的本質不完全清楚的人，不會成功找到它。但是，那些即使沒有貓，也能在黑暗的房間裡發現黑貓的人呢？我們應該說他們富有創造力、創新力，還是說他們只是愛幻想？

那些展示用熱感應相機拍攝的黑貓照片，以說服別人他們確實有可能找到黑貓（即使在表面上沒有黑貓的地方）的人呢？我們應該對這張照片置之不理，認為它是利害關係人偽造的東西，還是應該將其視為一個機會，以此來拓寬我們對黑貓（尤其是黑暗房間裡的黑貓）的

看法？

我出生於一九四八年，也就是以色列建國的那一年，我在那裡長大並接受教育。與這個國家一樣，我也經歷過很多：我曾在以色列理工學院學習工程學，後來從哈佛商學院專案管理專業（PMD）畢業；我曾擔任海軍中校，創建了一家領先的管理諮詢公司，也是希蒙·裴瑞斯「一百天」團隊的成員；後來我成立了常青（Evergreen）投資公司，該公司後來成為以色列風險投資的先驅。二〇〇七年，我離開商界，投身於寫作和社會活動。如果說我在這些年的不同經歷中學到了一樣東西，那就是軍事、商業和慈善事業的核心都是人，而人的本質是人心。因此，我要尋找的黑貓，通常隱藏在行為科學領域的非凡研究中。

本書介紹了一些對我個人經歷有幫助的研究結果。然而，選擇在書中呈現哪些研究並不是隨機的，也絕不是由其科學重要性決定的。選擇呈現哪些研究反映了我的信念，旨在為我的世界觀服務。

儘管如此，本書也會引用來自其他管道的見解和發現，這些見解和發現源於真正的好奇心，並且不受我的偏見影響。有必要對兩者進行區分嗎？不一定，要知道，兩種來源都會引發思考，其重要性首先在於此。無論如何，請記住一點：時間是最好的策展人，而不是作者。一條最重要的規則是：重要的東西不一定是新的，而新的東西可能並不重要。

本書提出的核心問題是：我們在多大程度上，真正受到他人經驗和研究結果的束縛？我們是潛在試驗品的大量受眾中的一員，還是受眾中獨特的個體，天生具有選擇不同行為的自由？換句話說，我們可以從這些研究結果中學到什麼？還是說，它們適用於我們周圍的每個人，而不適用於我們自己？說起來有點矛盾，如果你像我一樣，將研究結果與自己進行比對——即使它們揭示了我們不那麼討人喜歡的一面，如嫉妒、報復、物質主義或拖延——你就有機會從中學到一些東西，得出一些結論，選擇一條對你的情感健康和你所生活的社會的福祉更負責任的道路。另一方面，如果你仍然覺得自己是如此獨特，以至於這些發現不適用於你，那麼你可能會錯過重要的轉變機會，一個向著好的方向轉變的機會。

本書共分為四篇，每篇都有幾章內容。

第一篇〈值得過的生活〉討論了錯失恐懼症的危害。這種對錯過社交或其他事件的恐懼，使我們瘋狂地從一個電子產品衝向另一個電子產品。但真正重要的問題是，如果我們大多數人註定要過毫無意義的生活，僅僅是在精神上生存，那麼我們是否真的錯過了什麼。

本篇還將討論對最終結果的檢驗的有限重要性、由謙卑帶來的令人愉悅的寧靜，以及我們可以掌控的十條幸福法則，其中一些法則並非不言而喻。

第二篇〈為什麼聰明人會犯愚蠢的錯？〉介紹了伴隨我們日常決策的一些普遍偏見。你會

發現，我們幾乎不認識自己了，我們對統計資料的無知，加上過度的自信，會產生一種爆發性混合物，導致我們做出錯誤的決定。在這裡，謙卑害羞地抬起頭，並向我們解釋道，智慧不是知識。事實上，智慧是那些認知到自己知識侷限性的人的一種品德。

第三篇〈一切都井然有序〉回顧了我們在生活中遇到混亂時，建立秩序所使用的一些常見工具。其中一些是有意識的，例如我們辛辛苦苦準備的「待辦清單」；還有一些是無意識的，例如我們將消極事物置於積極事物之上的這種傾向。事實證明，我們對消極事件比對積極事件的印象更深刻，大腦中與情緒活動相關的大多數神經元都在尋找壞消息。這是為什麼呢？

第四篇〈人海獨行〉討論了我們作為個體，想對他人產生影響的願望與我們的社會歸屬需求之間的歷史平衡遭到破壞。技術手段與社會價值觀（如人際信任）削弱的獨特結合，正在為一個已經被定義好的自戀時代鋪平道路。社會鐘擺還能擺回去，並恢復平衡嗎？本篇還試圖討論我們和他人是更相似還是更不同這個問題，並找到我們對勁敵感到厭惡的根本原因。

後面是五十項促使我重新審視我的世界觀的研究（和故事）。現在，它們也是你的了，我希望你也像我一樣發現自己沉浸其中。

目錄

【推薦序】聰明人懂得要好好善用這本書　文◎耿一偉（台北藝術大學戲劇系兼任助理教授）　009

前言　014

第一篇　值得過的生活

但願　026

生活總會給你第二次機會，它叫做「明天」。

逃離矩陣　032

對錯過的恐懼，困擾著我們的社群網路和現實生活，但我們還是有辦法擺脫這種恐懼。

「一腳著地」原則　042

知道何時放下我們的野心。

選擇你的戰鬥 049
我們的意志力會像體力一樣消耗殆盡，所以最好把它留到我們真正需要的時候。

某日，在我更年輕時 055
「希望」是最能影響我們生活的情感。

挑戰底線的方法 067
重視過程，而非結果。

幸福：剪切並保存 074
我們可以掌控的十條幸福法則。

謙遜一點，能走更長的路 091
我們過於重視自信，卻忘記了謙遜的力量。

第二篇　為什麼聰明人會犯愚蠢的錯？

為什麼聰明人會犯愚蠢的錯？ 096
大腦如何繼續保護我們，免遭已經不存在的威脅？

目錄

向外語老師道謝 104
為什麼用外語引入問題，可以克服主要的認知偏見？

囚犯的困境 108
法官也是人——食物與思維。

如果我不為自己 113
論強大的自我中心偏見。

承認我們的無知 117
為什麼無能的人，意識不到自己的無能？

鳥腦袋 120
有時，鳥比人聰明。

我看見猴子在演奏莫札特的樂曲 125
論都市傳說的起源。

從窮困潦倒，到一夜致富 134
誠實的人，是否可能被欺騙？

我指控，但誣告 141

通往正義之路，由欺騙性證據砌成。

第三篇　一切都井然有序

人生清單 154

待辦清單的魔力。

站在巨人的肩膀上 164

「榜單」是另一層次的秩序。

展望：前路茫茫 170

人類對噩耗、怒容和悲傷的回憶天生敏感。這種消極偏見是有用的，還是需要克服的？

冰冷的手，還是溫暖的心 178

給形成我們對他人看法的特徵排序。

目錄

● **我見過快樂的保守派** 183
區分自由派和保守派的「心理動力」是什麼？

● **馬太效應** 195
催生不平等的神祕引擎。

● **官僚「頌」** 198
是什麼賦予了世界各地的官僚權力？

第四篇 人海獨行

● **我、本人和我自己** 202
自戀者作為社會性動物的悲哀。

● **祕密面前沒有朋友** 215
選擇那些可以分享我們寶貴隱私的朋友。

● **珍惜小差異** 220
我們是更相似，還是更不同？

● **尷尬的「財富」** 232
社交不適的信號，可以傳達積極的真實性。

● **信任遊戲** 237
信任與可信度的自我強化循環。

● **美好的競爭開始了** 248
競爭始終伴隨人類——競爭對手占據著我們內心深處的一部分，激勵我們取得最大的成就。

● **湖的守護者** 260
調動個人利益，保護社會資本。

尾聲——勿忘你我終有一死。 263

第一篇

值得過的生活

但願

生活總會給你第二次機會，它叫做「明天」。

「我們懷念生活的方式就是生活。」——蘭德爾・賈雷爾（Randall Jarrell）

「未經審視的生活當然值得過，但是，想有但從沒有過的生活值得審視嗎？」英國精神分析學家亞當・菲利普斯（Adam Phillips）在《錯過——讚美想有但從沒有過的生活》（*Missing Out: In Praise of The Unlived Life*）一書的開頭，問了這個看似奇怪的問題。他斷言，當我們發現自己花多少時間在思考「想有，但從沒有過的生活」，當我們在思想中繼續體驗這種生活，就好像它是潛進我們生活的影子時，這個問題就變得很重要了。

「想有，但從沒有過的生活」，是我們本可以擁有的生活，是我們沒有抓住的機會、錯過的機遇。

菲利普斯還說：「**在羨慕他人時，在有意或無意地要求孩子時，在想讓孩子成為我們無法成為的人時，我們能最清楚地發現這些我們想有，但從沒有過的生活。**」還有一些人，對他們未能過上的生活不停地抱怨，他們的生活就這樣被抱怨所吞噬。

達爾文理論的一個可悲的後果是，人們接受了這樣一個事實：作為屬於特定物種的個體，我們沒有什麼獨特之處。我們認為自己獨一無二，只是為了給我們的生活賦予意義。這種從父母教育開始的獨特感被消費文化所強化，消費文化完全依賴於它滿足它的主體表面上的「獨特」需求的能力。當這些需求得不到滿足時，遺憾就會油然而生。

在過去，尤其是在行為準則更加嚴格的文化中（例如包辦婚姻和選擇生活方式的自由有限），我們後悔的機會反而更少。但在一個以成就為導向、崇尚選擇自由的社會中，想突然擺脫後悔是很困難的。當個體被推動著去實現一切可能時，似乎正是在那裡，在我們沒有經歷過的生活中，我們可以變得更加獨特。而現實最終總是令人失望，後悔便變得不可避免。這個領域的研究區分了兩種後悔：一種是**由行動造成的後悔（我們做了某事，但希望自己沒有做）**；另一種是**由沒有行動或遺漏造成的後悔（我們沒有做某事，但要是做了會很高興）**。

研究顯示，在短期內，由行動（如選擇不合適的工作）造成的後悔，大於由沒有行動（如未完成學業）造成的後悔。然而，從長遠來看，當受訪者被問及他們人生中最大的遺憾時，他們提到的，主要都是他們沒有做的事——他們沒有接近某個男人或女人、沒有追求某份工作，以及在父母離世前，未能以妥善的方式與父母告別。研究還顯示，面臨大好機遇時的不作為，往往最讓我們感到後悔：首先是錯失教育機會，其次是錯失職業機遇。後面按照懊悔程度由高到低分別是：浪漫戀愛關係、養兒育女、自我發展和對閒暇時間的利用。

因行動而產生的後悔，不如因沒有行動而產生的後悔那麼令人不安，其直接原因是，**我們至少有機會糾正行動的結果**，例如辭去不合適的工作；但是另一方面，我們永遠會把那個我們沒有追求的女人或男人放在心裡。因沒有行動而後悔的另一種解釋是，**我們行動的結果是有限且確定的，而不行動的結果只受評估者想像力的限制，並且往往被放大到不合理的程度**。

儘管如此，所有研究人員對這重要主題的研究發現，都是基於健康參與者的反應，其中一些參與者是學生，他們還太年輕，無法從適當的角度評估自己的生活。這就產生了一個簡單的問題：他們的反應會在生命結束時改變嗎？如果可靠性是我們的指路明燈，那麼也許我們應該向那些知道自己時日不多的人求證答案。

這正是布朗妮・維爾（Bronnie Ware）所做的。維爾是一名澳洲的臨終關懷師，為那些回到家中度過最後時光的臨終患者提供照護，以瞭解他們在生命的最後幾週裡最大的遺憾。她把這些人的頓悟記錄在部落格中，並以此出版了一本書《和自己說好，生命裡只留下不後悔的選擇——一位安寧看護與臨終者的遺憾清單》。她在書中描述了人們在生命最後的日子裡獲得的清晰內省。以下是維爾所記錄的，**臨終者五種最常見的遺憾**。

1 但願我有勇氣過真正屬於自己的生活，而不是別人期望我過的生活。

這是最大的遺憾。「**當人們意識到自己的生命即將結束，並清楚地回顧過去時，他們很容易發現自己有多少夢想沒有實現。**」維爾在她的部落格中寫道：「大多數人甚至連一半的夢想都沒有實現，他們在臨死前才知道，這是由他們做出的選擇或沒有做出的選擇造成的。很少有人能意識到由健康帶來的自由，直到他們不再擁有它。」

2 但願我不用那麼拚命地工作。

維爾照顧的所有男性，無一例外地都表達了這種遺憾。他們錯過了孩子的青春期和對伴侶的陪伴。女性也談到了這種遺憾。但由於大多數臨終患者來自老一輩，因此許多女性患者並不是賺錢養家的人。維爾總結道：「我照顧的所有男性，都非常後悔把生命中太多的時間花在無休止的工作上。」

3 但願我有勇氣表達我的感受。

維爾在她的部落格中進一步解釋：「許多人為了與他人和平相處而壓抑自己的感受。結果，他們安於平庸的生活，從未成為他們真正有能力成為的人。」事實上，這名前臨終關懷師聲稱，他們患上的一些疾病，是由他們內心的積怨和憤恨所致。她建議：「我們無法控制他人的反應。儘管你在一開始改變自己的方式，說話變得坦誠時，人們會做出意外的反應，但最終這會將關係提升到一個全新的、更健康的層次。」

4 但願我能和朋友們保持聯繫。

維爾的患者們承認，他們沒有意識到與老朋友保持聯繫的重要性，直到為時已晚。許多人忙於自己的生活，以至於讓多年的「黃金友誼」從身邊溜走。許多人後悔沒有把時間花在他們應得的友誼上。

維爾說：「每個人在臨死時都想念他們的朋友。」她指出，在忙碌的生活中，讓友誼悄然溜走是很常見的。當死亡臨近時，金錢和地位就突然失去了光彩。「最終，一切都歸結為愛和關係。在最後的幾週裡，只有愛和關係能夠留下。」

5 但願我能讓自己更快樂。

維爾對這種遺憾感到驚訝，她的許多患者都有同感。「許多人直到最後才意識到，**幸福是一種選擇**。他們墨守成規與舊習，一直停留在舊的模式和習慣中。熟悉感所帶來的『舒適安慰』充斥著他們的情感生活和物質生活。對改變的恐懼，使他們對別人和自己都假裝很滿足。而在內心深處，他們卻渴望開懷大笑，渴望自己能活得像個孩子。」

逃離矩陣

對錯過的恐懼，困擾著我們的社群網路和現實生活，但我們還是有辦法擺脫這種恐懼。

下面有個測試，你可以試試：用數字1～7對這些場景進行評分，1分表示輕微不適，7分表示極度痛苦。

場景一

一天早晨，你像往常一樣瀏覽新聞網站。然而，今天你只有十五分鐘的時間閱讀新聞，而不是平時的三十分鐘。你必須跳過一些自己喜歡的專欄和版位。你如何評價自己的不適程度？

（大多數人可能會選擇較低的級別，如2分。）

場景二

你要去紐約旅遊，你發現自己根本無法參觀所有的展覽、觀看人們推薦的所有戲劇，甚至連一些當地朋友讚不絕口的「必去之地」也去不了。你現在是什麼感覺？5分？

場景三

你正在與朋友共進晚餐，你們約定今晚不用手機。但是，你的手機不停地發出提示音。你的社群網路上顯然有什麼事發生，但你無法查看。你現在感受到的壓力可能不止7分。

來瞭解一下「**錯失恐懼症**」（Fear of missing out, FOMO）吧，這是一種最新的文化失序，它正在悄然破壞我們內心的平靜。錯失恐懼症是技術進步和社會資訊激增的產物，**它是一種感覺，即讓我們感覺錯過其他地方正在發生的，更令人興奮、更重要或更有趣的事情。這是一種**

不安的感覺，覺得其他人正在經歷更有價值的體驗，我們卻不是其中一員。根據最近的一項研究，五十六%的網路使用者，都患有這種現代「瘟疫」。

當然，這種錯失感並不是什麼新鮮事。許多文學作品都描述了愛的願望與社會保守主義之間，那令人痛苦的衝突。早在我們能在社交軟體上搜尋高中朋友之前，伊迪絲・華頓（Edith Wharton）、夏綠蒂・勃朗特（Charlotte Brontë）和斯湯達爾（Stendhal）等人，就描述過對錯失的憂慮。

然而，十九世紀的主人翁終其一生都在為錯失某個機會而苦苦掙扎，今日不斷湧現的資訊，則提醒我們世界匆匆而過——這種提醒令人不安。當你閱讀這段話時，有些朋友可能在舉辦聚會，另外一些朋友可能在聚餐，而你可能都錯過了。也許你願意話沒說完就切斷一通電話，去接聽另外一通，甚至可能不知道對方是誰。晚上，你再次鄭重發誓要放下手機或關閉電腦，但你在上床之前，又偷看了一眼螢幕，唯恐錯過僅僅是泛泛之交，甚至是陌生人發的一些無關緊要的東西。

正如上一章所討論的，**人們在臨終時的遺憾，往往集中在沒有做的事情，而不是做過的事情上。**如果是這樣，那麼經常看著別人做我們沒有做的事情，將成為讓我們未來後悔的肥沃土壤。餐桌另一端的熱烈對話，可能會讓我們罹患錯失恐懼症，就像社群媒體向我們推播一系列

讓人眼花撩亂的節目、派對、書籍，或最新的消費趨勢一樣。

我們迷人的線上人設——從遠處看起來如此誘人——使錯失恐懼症變得更加有害。麻省理工學院的社會心理學家，《在一起孤獨——科技拉近了彼此距離，卻讓我們害怕親密交流？》一書的作者雪莉・特克（Sherry Turkle）曾說，**科技已成為我們定義親密關係的主要成分**。我們將社群網路上的數百、甚至數千個「好友」，與現實中少數幾個親密的朋友混為一談。特克根據數百次訪談結果指出，我們為科技繁榮所付出的代價，是與父母、子女或伴侶的重要關係逐漸淡化，一種新型的孤獨感應運而生。「我們在人際關係中缺乏安全感，對親密關係感到焦慮，」她寫道，「我們希望透過技術科技來建立關係，同時保護自己免受其害。」如果你曾驚訝地看到某個人敲打出無休止的簡訊，而不是與那些和他在一起的人交談，你就會從特克的看法中找到安慰：我們與科技的關係仍在發展中。無時無刻不與每個人保持聯繫是一種新的人類體驗，只是我們還不具備應對這種體驗的能力。

特克說，如果我們能想辦法讓自己遠離這些設備，哪怕只是很短的時間，我們都可以減少對科技的依賴。會不會有天，我們從錯失恐懼症匿名組織那裡購買設備，能幫助我們從科技成癮中恢復過來？我設想的設備以隨機的、意想不到的間隔傳遞資訊——發送方和接收方都不會提前意識到延遲。這將迫使設備擁有者錯過一些資訊，並驚訝地發現，沒有這些資訊，他們仍然可以正常地生活。

即使採取了這些干預措施，但只有當我們認知到——是大腦和我們的人性（而不是我們的技術）導致了這種沉迷，問題才有可能得到解決。**如果我們不能誠實地問自己「為什麼我們如此害怕錯過」，我們就無法尋求解決方案。**

牛津大學的社會科學家安德魯・普茲比爾斯基（Andrew Przybylski）對這種迅速蔓延的疾病進行了實證研究，研究結果於二〇一三年發表在《電腦與人類行為》（*Computers in Human Behavior*）期刊上。他得出的一個結論是，**錯失恐懼症是社群媒體使用背後的推動力量**。尤其是年輕男性的錯失恐懼症程度最高。不專心的駕駛員的錯失恐懼症程度也很高，他們一邊開車，一邊做其他事情。也許最能說明問題的是，**錯失恐懼症主要發生在那些在愛、尊重、自主和安全等方面，有心理需求卻沒能得到滿足的人身上**。總而言之，我們害怕錯過愛，害怕失去歸屬感。那些在工作中投入大量精力的人，也害怕錯過職涯發展的機會，或者一筆有利可圖的交易。

牛津大學的演化心理學家、《150法則——從演化角度解密人類的社會行為》一書作者羅賓・鄧巴（Robin Dunbar）說過，只要我們更瞭解自己，這個問題可能就會得到緩解。鄧巴聲稱，我們不具備區分一個群體中，超過約一百五十名成員所需的情感和智力能力——成員的數

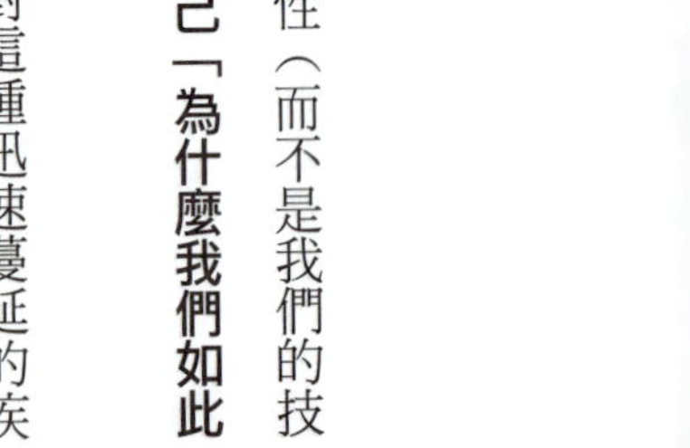

量相當於新石器時代農莊的平均規模。但是，你把這句話告訴美國的青少年試試，他們每個月平均會發送三千則簡訊，還擔心如果不立即回覆就會遭到排擠，有時他們的網友高達數千人。不受他人意見的影響，從社會比較中解脫出來，只有極少數人能夠做到。足夠強大，能夠承受錯失恐懼症力量的自律也同樣罕見。

那麼，對於如此有害生活品質的事情，我們能做些什麼呢？針對錯失恐懼症潛在情感原因的心理治療成本太高，而且侵入性太強，而僅僅發誓遠離電子設備也是行不通的。相反地，應對錯失恐懼症的最好方法，可能是認知到在瘋狂的生活節奏下，我們有時註定會錯過一些事情。而當我們錯過時，實際上可能會改善我們所做選擇的結果。

這種簡單的方法，是由美國多學科研究者、諾貝爾經濟學獎獲獎者赫伯特．賽蒙（Herbert Simon）於一九五六年提出的。他用「滿足最低要求」（satisfice）這個詞——「滿意」（satisfy）和「足夠」（suffice）的結合——來建議人們**不要試圖使利益最大化，而是尋求一個「足夠好」的結果**。賽蒙的策略基於這樣一個假設，即我們根本沒有優化複雜決策的認知能力。我們無法處理、衡量所有選項和可能結果所需的大量資訊——無論是在社群網路上，還是在社群網路之外。因此，**最佳做法是「滿足最低要求」——選擇符合我們預定標準的第一個可選項目，這已經足夠好了。**

一九九六年，賽蒙出版了一本自傳，將自己的一生描述為一系列零散的決策，在這些決策中，他選擇了「足夠好」的選項，而不是可能的最佳選項。賽蒙聲稱，大多數傾向於優化決策的人，並沒有意識到蒐集資訊對其整體利益所造成的巨大損失。在日常決策中，我們付出的代價是幸福感。如果你有這樣一個朋友——外出吃飯時，除了最時髦的餐廳，哪家餐廳都不去，或者直到找到完美的服裝才會買——那麼你會感激「足夠好」策略帶來的解脫。

對賽蒙的方法的研究顯示，堅持優化決策的人，最終對其所做選擇的滿意度低於那些用「足夠好」來將就的人。其他研究澄清了原因：前者的成就實際上低於後者，尤其是當決策涉及衡量可能的結果時。在斯沃斯莫爾學院的社會心理學家貝瑞・史瓦茲（Barry Schwartz）負責的一系列實驗中，參與者被要求填寫一份自我評估問卷，以確定其優化決策傾向（根據其對「我從不退而求其次」或「我常常覺得為朋友選購禮物很困難」等表達的認同程度）。另一份問卷測量了參與者感到後悔的傾向。然後，研究人員根據參與者在兩份問卷中的回答，對他們進行分類。研究人員發現，優化決策傾向與幸福感、自尊和滿意度呈負相關，而與憂鬱、完美主義和後悔呈正相關。該系列的另一項研究發現，有優化決策傾向的人，也會進行更多的社會比較，並且會在自己不如別人時，受到不利的影響。

等一下——社群網路上的錯失恐懼症，不正是基於這種比較嗎？如果是這樣，「滿足最低要

求」能帶來解脫嗎？用賽蒙的參數來分析錯失恐懼症，可以發現這與他研究的決策過程，有著驚人的相似之處，這些過程的特徵是：**認知超載和嚴重地影響幸福感**。

當今豐富的資訊，尤其是線上資訊，正在消耗我們的另一個寶貴資源：**有限的注意力**。我們難以將已經負擔沉重的注意力，分散到前所未有的大量資訊上，這不僅是由於我們在區分優先順序上的認知問題，還在於我們無法消化和處理所有資訊。與錯失恐懼症相關的痛苦，是我們的靈魂在呼救，懇求我們限制膚淺的連結及在網站之間的瘋狂跳躍，以免我們的生活品質與表達親密和個性的能力受到侵蝕。

針對這個嚴重問題，採用「足夠好」的方法，不僅是一種改善決策的策略。它首先是一種世界觀，一種生活方式；一些研究人員甚至認為它是一種遺傳的人格特質。

證明這種方法有效的證據比比皆是。在商業界，從長遠來看，犧牲利益最大化，而選擇預先設定的「足夠好」是最佳策略。俗話說：**「牛市賺錢，熊市賺錢，貪婪者不賺錢。」**追求利益最大化的貪婪得不償失。商業人士也知道「留點餘地」，尤其是在能促成長期合作的交易中。經驗豐富的資本市場投資者明白，**追求「在最高點賣出」，還不如在獲得滿意利潤後賣出賺得多**。倒閉的企業裡，到處都是這樣的公司，它們沒有止步於「足夠好」、可以輕鬆銷售的盈利產品，而是屈服於那些有著複雜規格和不切實際計畫的雄心勃勃工程師。

英國歷史學家理查・奧弗利（Richard Overy）在《同盟國為何獲勝》（*Why the Allies Won*, 1995）一書中，分析了第二次世界大戰的結果，他聲稱這個結果不是必然的。他給出的解釋是，德國軍隊試圖以犧牲作戰效率為代價，來優化其軍用彈藥的使用。在戰爭中，德國人一度擁有不少於四百二十五架不同種類的飛機、一百五十一種卡車和一百五十種摩托車。他們為德國製造彈藥的技術優勢，所付出的代價是難以大規模生產，而從戰略角度來看，批量生產最終更為重要。在當時蘇聯進行的決定性戰役中，一支德國部隊不得不為數百種類型的武裝運輸車、卡車和摩托車運送大約一百萬個零件。相比之下，蘇聯人只使用了兩種坦克，這使得戰爭期間的彈藥維護更加簡單。這對他們來說是「足夠好」的。

「完美主義」是與追求決策結果最大化最相關的人格特質。然而，瞭解完美主義者的人都知道，對他們來說，**生活就是一張永無止境的評分表**，讓他們陷入自我評估，感到沮喪、焦慮，有時甚至是憂鬱。

完美主義者往往將錯誤與失敗混為一談，他們試圖掩蓋自己的錯誤，甚至是不可避免的錯誤，這使他們無法接受個人成長所必需的批判性回饋。他們可能會為「滿足最低要求」帶來的解脫付出重大代價。

即使在親密關係和愛情方面，「足夠好」也是最有效的。英國心理學家唐諾．溫尼考特（Donald Winnicott）提出了**「夠好的母親」**（good-enough mother）這個概念，即一個對嬰兒的基本需求，給予足夠關注和充分回應的母親。隨著嬰兒的成長，母親偶爾會「無法」滿足他的需求，讓他為現實做好準備，在現實中，他並不總是能隨時隨地得到他想要的東西。這樣，嬰兒才能學會延遲滿足，而延遲滿足是成年人獲得成功的關鍵。成年後，我們湊合著與幾乎在嚴格意義上「足夠好」的伴侶相處。是的，可能有更適合我們的人，但我們可能活不到找到那個人的時候。

即使感覺錯過了什麼能證明我們對生活的熱情，社群網路過度強化我們優化謬誤的方式，依然會嚴重影響我們的生活品質。如果你仍懷疑「足夠好」是錯失恐懼症的最佳解藥，那麼美國散文家和詩人愛默生（Ralph Waldo Emerson）的名言，或許會讓你茅塞頓開：

「每一次失去，背後必有所得；每一次得到，背後也必有失去。」

「一腳著地」原則

知道何時放下我們的野心。

契頓漢金杯賽（The Cheltenham Gold Cup）是英格蘭最負盛名的賽馬障礙賽之一，對五歲以上的馬匹開放。這些馬匹需要奔跑約五千公尺的距離，同時跳過途中的二十二個柵欄。比賽是為期四天的契頓漢賽馬節的一部分，每年三月舉行一次。過往的比賽中曾出現過一些英雄賽馬，牠們的雕像裝飾著整潔賽道周圍的草坪。當然，這也是英國廣泛報導的比賽之一。二〇一二年的比賽，因為一匹特殊的賽馬——「考托之星」（Kauto Star）——而引起了特別的關注。這匹馬年紀較大，已經十二歲，棕色，勻稱的鼻子上有一條白色條紋，牠在比賽前兩個多星期的訓練中受了傷，這可能會導致牠的競技能力下降。但是，這匹馬無與倫比的競爭精神，以及騎在牠背上的英國最佳騎師之一盧比．沃爾什（Ruby Walsh），使牠成為全城的話題。

「考托之星」已經分別在二〇〇七年和二〇〇九年，兩次贏得比賽。在其輝煌的職業生涯（四十場比賽中，二十三場獲勝）為主人贏得超過五百萬美元後，每個人都明白這次可能是「考托之星」的最後一場比賽。如果能贏得競賽，牠將創造一個未來持續多年的紀錄，並鞏固其作為世上最偉大障礙賽賽馬的地位。「考托之星」的主要對手，是比牠小五歲的「長跑」（Long Run）。在二〇一六年的比賽中，「長跑」以八個馬位的優勢擊敗了「考托之星」。但是經短暫退役後，「考托之星」又回來了，在這次比賽前的兩場重要比賽中，「考托之星」擊敗了牠那年輕的對手。雖然統計資料並不樂觀——在這項比賽八十八年的歷史上，只有兩匹與「考托之星」同齡的馬贏得比賽過，而且這已經是一九六九年以前的事了。契頓漢的賽道特別長，並且其終點在山坡上，這使得年輕的賽馬具有天然優勢，但「考托之星」已經證明，如果有哪匹馬能夠在馬術統計書上寫下嶄新的一頁，那匹馬必定是牠。

「考托之星」在其 Facebook 主頁上有超過一萬名粉絲，他們為牠贏得比賽而加油，但同樣希望牠不要摔倒或受傷。根據英國賽馬管理局發布的資料，一匹馬在障礙賽中死亡的機率為千分之四。考慮到這樣一匹馬參加比賽的次數，你就會明白，為什麼馬吃著草平靜地結束生命的機率並不高。事實上，大多數賽馬的生命，在五歲之前就結束了。馬腿的結構決定了賽馬的速度，同時也決定了牠們的脆弱。在比賽中，馬腿承受的重量可能是其體重的三到十倍。治療馬腿骨折非常困難，發生壞疽或感染的可能性很大。對一匹馬來說，這樣的傷勢通常意味著死刑判決。在契頓漢的上一個比賽日，有三匹馬沒能成功越過障礙，牠們因此而受傷，接受了安樂死以結束痛苦。

但是，這次似乎每個人都希望「考托之星」贏，甚至是那些押注另一匹馬贏的人。似乎牠的勝利會向人們傳達一個訊號：永生實際上是可能的。

二〇一二年三月十六日，六萬五千名觀眾前來觀看比賽，創下了契頓漢賽馬場的人數紀錄。冠軍由「同步」（Synchronised）獲得，博彩公司為其開出的賠率為一賠八。「長跑」獲得第三名。那「考托之星」呢？這匹馬處於領先地位，並且順利跳過了前面的幾個障礙，但在跳過第九個障礙之後，騎師沃爾什決定停止比賽，將這匹精心裝扮過的馬送回比賽結束區域，並卸下鞍具，這讓觀眾感到非常懊惱。沃爾什說，他感覺「考托之星」在通過水上障礙時，比平時更加吃力，擔心讓牠繼續比賽會導致致命傷。一個月後，獲得冠軍的「同步」在英國國家障礙賽馬大賽（Grand National Race）中摔死，沃爾什的擔心得到了證實。

儘管媒體試圖將參加比賽的馬匹擬人化（「你想看牠一次又一次地比賽，就像看費德勒打網球一樣」）是可以理解的，但我的興趣完全集中在人類騎師身上——他必須在馬和自己的榮耀，與失去這匹特殊馬的風險間做出決定。進一步而言，我感興趣的問題是關於「**要在什麼情況下退出比賽**」這件事——他是在馬出閘之前做出決定的？還是在比賽過程中，他推測獲勝的希望渺茫時做出的？如果沃爾什事先決定在什麼情況下退出，那麼他就需要極大的意志力來放棄比賽和大獎。但沃爾什的技術水準和對「考托之星」的熟悉程度顯示，他的決定可能是在比賽中做出的：這位細心且經驗豐富的騎師意識到「考托之星」能力的下降，儘管下降得不是很明顯，但他決定不冒這個險。但是，我們其他人呢？雖然我們不具備沃爾什在做出決定時所具備的高超技巧和敏感性，但我們也不得不做出重要決定。

「當地勤人員準備發射熱氣球時，他們必須抓住吊籃的邊緣，以防止它過早升空。他們用雙手抓住吊籃的邊緣，一隻腳踩在靠近底部的支架上。永遠只有一個規則。熱氣球地面操作的一個神聖且不可打破的規則是：**始終有一隻腳著地**。」

傑夫・懷斯（Jeff Wise）在二〇一一年一月的《今日心理學》（*Psychology Today*）中，為讀者分析了這個重要規則所反映的見解，旨在確保地勤人員操控這些變化無常的飛行器時的安全，以防天氣快速變化，破壞飛行器的穩定。某位這方面的專家向懷斯解釋：「如果一陣風吹來，氣球開始上升，你被帶到空中零點一公尺時，你會想：『哦，這沒什麼大不了的，必要時，我可以跳下來。』不知不覺中，你被帶到兩公尺的高度，你會想：『跳下去可能會扭傷腳踝，我最好堅持住，等它變低。』然後很快，你被帶到九公尺的高度，如果你跳下去，就會摔斷腿。但如果你不跳……」

這就是懷斯所說的**心理陷阱——人們認為只要再堅持一下，糟糕的情況就會有所好轉，而不去評估如果情況遲遲得不到改善，將會帶來的破壞性後果**。這裡描述的規則，對一九三二年春天的一個早晨再適用不過了。當時，世界上最大的氦氣飛船「阿克倫號」（USS Akron），試圖降落在美國加州聖地牙哥軍事基地附近的一片空地上。這艘巨大的飛船在一九三一年剛剛被命名，代表著當時航空技術的最高水準。隨著飛船慢慢下降，它從漸漸消散的晨霧中浮現出來。飛船每次接近地面時，當天早上奉命執行地勤任務的兩百名海軍學院學員，都要準備好用飛船垂下的繩索將其停靠。但前三次嘗試都被突如其來的風打斷，使得飛船偏離航向，直到第四次嘗試時，地勤人員才想辦法抓住繩索，將巨大的飛船拖到地面。但後來，由於一個對接環出現故障，飛船向一側傾斜，為另一側的地勤人員帶來了很大的困難。絕望下，他們之中的幾個人爬上繩索，試圖將全身的重量壓在上面，但徒勞無功。飛船慢慢升起，太陽的熱能開始使飛船內的氦氣溫度升高。這些年輕且缺乏經驗的地勤人員只能鬆開繩索，並墜落到地上（幸好沒有落在另一名同伴的身上）。

但是，當「阿克倫號」把這些人甩掉並起飛後，許多在場的旁觀者驚恐地發現，有三名海軍學院的學員懸在半空中。第一個人從五十公尺的高空墜落身亡。第二個人也重重地砸在地面上，揚起一片塵土，他是營地的明星運動員——水手奈傑爾．亨頓（Nigel Henton）。飛船上的繩索愈來愈少，繩索上只剩下一個人。目瞪口呆的人群，看著飛船在日漸炎熱的空氣中，升至七百公尺的高度。從這個高度，人們只能看到一個小黑點懸掛在船體下方，與繩索脫離似乎不可避免。但繩索上的水手查爾斯．科沃特（Charles Cowart）拒絕放棄。他是一名拳擊手，正在為海軍錦標賽進行訓練。他把自己綁在繩子上以節省體力。經過兩個小時的著陸嘗試後，他意識到唯一的生存機會就是慢慢爬上飛船，於是他這樣做了。當飛船最終在晚上降落，這位足智多謀的倖存者，固執地拒絕談論他在空中度過的可怕時刻。一年後，「阿克倫號」飛船在紐澤西海岸遇到風暴被毀，飛船時代就此結束。

懷斯說：「如果你碰巧是一名熱氣球工作人員，答案顯而易見。但其背後隱藏的重要資訊適用於我們所有人。當情況開始變得糟糕，我們很容易自欺欺人地認為情況可能會自行好轉——直到我們突然發現自己處於如此可怕的困境，以至於唯一的希望就是死命堅持下去。無論你是投資股票還是投資一段關係，『一腳著地』原則都適用於你。

不要相信你的意志力。即使是最堅定的人，意志力也很容易受到侵蝕，與其相信自己的意志力，不如提前確定在什麼價格或情況下放手。

如果一本書讀到第七十頁時還不夠有趣，剩下的內容我就不讀了。如果銀行因失誤拒付我的支票兩次以上，我就會更換成其他銀行。如果我投資的企業家向我展示了兩次以上的錯誤表述，我就不會繼續在他身上投資。」

選擇你的戰鬥

我們的意志力會像體力一樣消耗殆盡，所以最好把它留到我們真正需要的時候。

如果永生是人類自古以來渴望得到的「聖杯」，那麼從二十世紀開始，它已經被「成功」所取代——許多人虔誠地渴望成功，甚至願意為此縮短自己的生命。即使一個人認為閱讀莎士比亞的三十七部戲劇，比閱讀所有行為科學研究所瞭解的人性更多，也不能忽視一項廣泛的研究——該研究顯示，天賦對成功的貢獻有限。就獲得渴望已久的經濟和社會回報而言，天賦對成功的作用不超過二十五%，而自律、決心和毅力占很大比重，主要是因為這些特質，能夠幫助你應對漫長成功道路上的障礙和不可避免的意外。沃爾特・米歇爾（Walter Mischel）及其同事在一九七二年的一項開創性研究中發現，能夠延遲滿足、忍著不吃面前的棉花糖，以便之後得到兩顆棉花糖的四到六歲兒童，多年後在學業上也更成功。同樣地，如果你分析一下那些喜歡與讀者分享自己故事的成功人士的簡歷，很難忽視一個明顯的共同點：**決心和意志力**（另一個共同點是運氣，但出於某些原因，這本書中沒有提及）。

羅伊．鮑梅斯特（Roy Baumeister）被認為是當今意志力研究領域的領軍人物。二〇一一年，在一個名為「蘇黎世學人」（Zurich Minds）的知識分子團體講座中，他闡述了自我克制對其他領域的積極影響：**長期人際關係的成功、身心健康，甚至預期壽命**。鮑梅斯特還在講座中澄清了一點，即民間認為存在不同種類的意志力這個信念，沒有得到研究的證實。在二〇一一年出版的《增強你的意志力——教你實現目標、抗拒誘惑的成功心理學》（與約翰．提爾尼〔John Tierney〕合著）一書的序言中，鮑梅斯特談到我們對待這個主題重要性的奇怪和錯誤的方式。他說，當被要求說出我們的優點時，我們會提到真誠、勇敢、富有創造力、幽默，甚至謙虛，但不會提到自我克制。即使提到這一特質，我們也會把它放到最後。與此相反，當人們被要求列舉自己的缺陷時，自我克制會躍居榜首。

每個人的生活都以滿足自己的欲望為基礎，其中大部分是自然和進化的產物，而有些則是人類基本衝動昇華的產物，由二十世紀的重要科學發展所提供的工具滿足。例如，社群網路和其他線上內容提供的豐富手段，使我們能夠滿足好奇心，感到被需要或有歸屬感。但是，對欲望的無節制反應，會使我們無法實現為自己設定的重要目標，甚至可能危害我們的健康。根據一項研究，西方社會三分之一以上的死亡，可歸因於長期屈服於這些欲望（性、毒品、不健康的食品和工作）所造成的後果。在這個充斥著各種干擾的享樂主義世界裡，**成功更多的是來自抵制誘惑的能力，而不是金錢、外表或智力**。這究竟是為什麼呢？

威廉・霍夫曼（Wilhelm Hofmann）、凱薩琳・沃斯（Kathleen Vohs）和羅伊・鮑梅斯特長期合作，旨在追蹤人們受欲望影響的頻率和強度——我們所隱藏衝動的行為表達和個人表達。他們要回答的問題是：這些衝動在多大程度上，與我們為自己設定的重要個人目標相衝突？在什麼情況下，我們會抵制欲望，以免損害這些目標？更重要的是，我們抵制欲望的努力，在什麼情況下會成功，在什麼情況下會失敗？

研究人員讓兩百零五名德國烏茲堡的居民，報告他們在一週內的衝動。研究人員每天給參與者發送七次簡訊，將訊息發到為研究目的而分發給參與者的手機上，讓他們報告在過去的三十分鐘內，是否經歷過誘惑，如果經歷過，則將其歸入十四個預定類別中的一個。然後，研究人員讓參與者記錄衝動的強度，以及衝動的實現與個人目標之間的衝突強度，並報告他們是否因為這個衝突而進行了抵抗，進而成功地稍微控制了衝動。所有的報告，都使用為研究目的而準備的手機APP進行記錄。這項研究受益於非常高的依從率（九十二・二%的參與者），並獲得了七千八百二十七份關於參與者曾抵抗的衝動和欲望的報告。在研究人員看來，這忠實地反映了我們日常經歷的各種誘惑。

蒐集到的資料顯示，**參與者報告的衝動頻率、衝動強度及衝動，與重要個人目標之間的衝突強度存在很大差異**。研究結果顯示，報告的衝動中，有一半與我們的目標、價值觀或其他衝動，存在一定程度的衝突。就強度和相對普遍性而言，排在前幾位的衝動是想睡覺（這令人驚訝），以及對食物、飲料、性、社交、休閒和滿足衛生需求的渴望（這些毫不奇怪）。研究人員還對與屈服於誘惑相衝突的個人目標進行了分類。這些目標包括**良好的健康**（例如與渴望甜食相衝突）、**儲蓄**（例如與購物的誘惑相衝突）、**職業和社交成就**（例如與想睡覺等相衝突），以及**有效地利用時間**（例如與媒體消費相衝突）。

對睡眠、性、休閒和食物的欲望，以及花錢的欲望，與參與者的其他目標之間的衝突最為明顯，因此在自我控制的嘗試中得分最高，其中大多數嘗試都成功了。使用媒體的欲望——查看電子郵件、瀏覽社群網站和看電視——也經常出現在衝動量表中，但在使用意志力進行抵抗時，其失敗率最高（四十二%的人報告自己嘗試抵制該衝動，但無法克服它）。這也是抗拒工作的悲慘命運，研究人員將其定義為誘惑之一。

此外，研究人員注意到，意志力在使用後會耗盡，就像人在長時間使用肌肉、耐力耗盡後會感到疲憊一樣。那些面對誘惑時，經常進行內心抵抗的人發現，他們在當天的晚些時候抵抗進一步誘惑的能力已經減弱，尤其是在一天結束時。這個結論已在實驗室的實驗中被發現，其重要性再怎麼強調都不為過。多年來，人們相信無意識的力量能夠指導我們的行動，這使得意志力在影響我們命運方面的作用降至最低。意志力就像肌肉一樣運作，基於這樣一種看法：人類控制衝動的能力，是相對較晚的進化發展產物，因此它不穩定，且難以長時間使用。

意志力的物理屬性也受到營養（血液中的葡萄糖對意志力有積極影響）和睡眠等因素的影響。在空腹或疲勞狀態下做出的決策，與在相反情況下做出的決策，性質迥然不同。可以說，意志力的使用就是一場零和遊戲——如果你在工作中過度使用它，回到家時，你可能會對伴侶或配偶失去耐心，或者陷入無節制的暴飲暴食。

這一重要發現的實際意義在於，**如果意志力確實像肌肉一樣，使用過度會受損，那麼保持排程以避開誘惑這一策略，可能比加強意志力的鍛鍊更有效。**這樣的排程基於習慣和常規，以限制遇到誘惑的機會：固定的用餐時間，每天兩到三杯咖啡，看電視的時間限制等。我遇見過一位女士，她的原則是每買一件新衣服，就扔掉一件舊衣服，以抵制購買新衣櫥的昂貴誘惑；我認識一個人，他決定週日和週一不喝酒，這樣他就可以限制酒精攝取量，而不必每天都面對誘惑。**自我控制能力強的人，更多的是用它來合理安排每日時間表，以使誘惑減少，而不是抵制容易發生的誘惑。**遇到誘惑時，他們意志力充足，隨時準備應對。擁有意志力的人，試圖以這樣一種方式來安排自己的生活，即把多數人需要自我控制和意志力的大部分行為，作為一種後天習慣來完成。如果你決定每個週日的早晨整理書房，那麼你完成這項任務所需的意志力就會減少，因為這項任務已經成為一種習慣，而習慣不會消耗意志力。相比之下，那些意志力不強的人，必須注意選擇真正重要的事情，並準備為此耗盡自己的意志力。與其總想出類拔萃，不如做好真正重要的事情。

霍夫曼等人的研究，將現代生活呈現為一種階段性欲望和衝動的例行程式，這些欲望和衝動，通常與我們珍視的個人目標或價值觀相衝突，因此會遇到阻力。儘管我們大多數抵禦誘惑的嘗試都是成功的，但由於某些誘惑的性質及我們當天抵抗誘惑的經歷，我們可能會在某一天被某些誘惑擊敗。把霍夫曼等人的研究總結一下，我們會發現一個普通人，每天要花八個小時面對各種誘惑，花三個小時抵制誘惑，花半個小時愉快地屈服於誘惑，而其中一些誘惑，是他先前曾成功抵制過的。女演員梅・蕙絲（Mae West）說過：「我通常會避開誘惑，除非無法抗拒。」

某日，在我更年輕時

「希望」是最能影響我們生活的情感。

「希望是一頓豐盛的早餐，卻是一頓糟糕的晚餐。」——法蘭西斯・培根（Francis Bacon）

不久前，我去拜訪了幾個朋友，他們住在我三十多年前居住的社區附近。我現在住在另一座城市，離那裡很遠。開車回家時，我路過了曾多年居住的那棟建築物。路過體育俱樂部時，一股懷舊之情湧上心頭，在那裡，我曾贏得和輸掉許多網球比賽，附近的商業中心已澈底改頭換面，而寬闊的人行道依然像往常一樣吸引人。

我試圖理解為什麼早年的記憶對我們有如此大的吸引力。在否定了所有其他答案後，只剩下一種解釋：

我們對「一切仍有可能發生」的時光，有著強烈的渴望。

但是，就我而言，幾乎一切都發生了。當時我夢寐以求的大多數事情，甚至更多，都在充實而悠閒的生活中實現了。那麼，對我來說，為什麼過去的回憶還如此迷人？我仔細思考了另一系列可能的答案，突然間我想到一點：**我懷念希望的感覺**。我夢想著將來某一天，會有好事發生。它會使我擺脫現實的憂慮，讓我充滿滿足感，使我能夠毫無痛苦地從一個安全的距離看待這個世界。對希望的渴望與我的夢想成真這樣的事實——至少對我來說——是沒有關聯的。對希望的渴望是獨立存在的，與實際發生的事件無關。

從表面上看，一個不否認現實的成年人，應該知道他可以期待什麼，以及什麼永遠都不會發生。希望應該是年輕人的專利，對他們來說，「一切皆有可能」，而老年人也希望站在他們的立場上。古斯塔夫・福樓拜（Gustave Flaubert）認為，希望是對天意的衝擊。但它也是對生活經驗的衝擊，這些生活經驗限制了仍然可能發生的事情，是對永遠都不會發生之事的早期跡象的衝擊，這些早期跡象往往被我們忽視。正如福樓拜所說，希望也是對至高無上的權力者意志的衝擊，這個至高無上的權力者，此刻正在其他地方忙碌。但是，希望比所有這一切都更強大，我們需要它來平衡我們的生活，無論是年輕人還是老年人。

希望誕生於罪惡之中。希臘神話講述了普羅米修斯從奧林帕斯山盜取火種送給人類的故事。眾神之父宙斯被激怒，為了懲罰人類，他製作了一個盒子（在原始版本中是一個罐子），裡面裝著所有可能的邪惡。潘朵拉是眾神創造的一位女性，她收到盒子時，被警告不要打開它。她和大多數神話中的主角一樣，無法抵擋誘惑（否則，神話就短得只剩幾頁了），因此我們所知道的所有疾病、災難和痛苦，都被釋放到了這個世界上。而放在盒子底部的「希望」，被妥善地保存在裡面，以堅定人心。

從那時起，「希望」走過了漫長的道路，直到出現在十九世紀一件傑出的藝術作品中。創作於一八八六年的〈希望〉（Hope）是喬治・弗瑞德里克・瓦茲（George Frederic Watts）最著名的作品，他擅長描繪關於人類生存狀況的寓言。在這件作品中，「希望」化身為一個蒙著眼睛的年輕女子，她坐在象徵世界的地球上彈奏著七弦琴。所有的琴弦都斷了，只剩下一根。她的頭低垂著靠近琴弦，渴望聽到這根孤零零的琴弦發出的微弱樂音。當這件作品出現在一八八九年的巴黎畫展上時，評論家們將之描述為對絕望的抵抗。如今，它是英國泰德美術館

（Tate Modern）的藏品，在對過去五百年英國藝術的綜合性、永久性展覽中展出。瓦茲的畫，長期以來一直鼓勵和支撐著處於困境中的人。曼德拉（Nelson Mandela）將這件作品的複製品掛在監獄牢房的牆上；埃及在六日戰爭後，將這件作品的小型複製品分發給戰敗的士兵。在一九九〇年，一次關於希望主題的布道中，牧師傑瑞米亞．萊特（Jeremiah Wright）描述了瓦茲對希望的描繪：「……她的衣服破爛不堪，她的身體傷痕累累，她的豎琴幾乎被毀，只剩一根琴弦，她竟然有膽量彈奏音樂並讚美上帝……拿起你剩下的那根琴弦，去大膽地希望吧……這才是上帝想讓我們……從瓦茲的畫中聽到的話。」萊特傳道時，二十九歲的歐巴馬（Barack Hussein Obama II）也在教堂裡，後來他用「大膽希望」（audacity of hope）作為他在二〇〇四年美國民主黨全國代表大會上，一次激動人心的演講題目，並將之作為他第二本書的書名。

事實上，每個初出茅廬的作家都知道，如果不給主人翁／主要角色——或者更重要的是，為讀者——提供至少一絲希望，很多書都寫不到第二章。許多詩歌中都談到希望，我在此引用兩句鼓舞人心的詩句來闡述這個主題：**「希望是帶有羽毛之物，棲息靈魂中」**（艾蜜莉．狄金生，Emily Dickinson）和**「人心不死，希望永存」**（亞歷山大．波普，Alexander Pope）。

一臺叫做「希望」的引擎

以色列的國歌講述了兩千年的希望，但心理學家直到大約二十年前，才開始認真研究希望，因為他們慢慢開始對新的研究領域產生興趣。以前，心理學幾乎只關注情感的消極面。

查爾斯·斯奈德（Charles Snyder）是正向心理學的先驅之一（正向心理學改變了研究的平衡），他在恢復對希望的研究上，發揮了重要作用。斯奈德在一九九四年出版的《希望心理學——你能從這裡到達那裡》（*The Psychology of Hope: You Can Get There from Here*）一書中提出了**「希望理論」**（theory of hope），將希望定義為三個組成部分的總和：**設定目標**、擁有**實現目標的意志力**（「我能做到」），以及擁有**「方法力」**（waypower）——實現目標的心理路線圖（「我能找到方法做到」）。

斯奈德還提出了一個希望量表，被調查者要對六項陳述的同意程度（1～8分）進行評分，其中三項陳述，試圖評估被調查者實現現有目標的決心（「在當前情況下，我會積極追求我的目標」），而另外三項陳述，試圖考察被調查者對於找到實現目標的方法之信心（「我能想到很多實現目標的方法」）。實現目標的決心代表（精神）力量，而找到實現目標的方法之能力代表方向。不要把樂觀與希望混為一談。樂觀是希望的近親，樂觀只符合斯奈德上述科學定義的一部分，因為樂觀引導我們對最好的事物抱有希望，卻沒有明確告訴我們如何實現目標。事實上，**樂觀根植於現在，而希望著眼於未來。**

在確定了測量希望的方法之後，斯奈德繼續進行一系列實驗，研究個體的希望水準與學業成就之間的關係。在一項實驗中，他問學生：「你期望在一次占總評成績三十%的考試中得B，但只得到一個C。你打算怎麼辦？」在希望量表上排名靠前的學生，決心尋找提高成績的方法，而希望水準較低的學生，則完全放棄了。同樣地，結果顯示，那些希望水準較高的學生確信，最終一切都會好起來的，如果現在還沒有發生，那就意味著結局還沒有到來。

在另一項實驗中，斯奈德及同事研究了學生的成就與希望水準之間是否存在相關性。他們發現，希望水準比SAT分數（與智力高度相關）更能預測成績平均績點。在希望量表上排名靠前的學生，也更有可能完成學業。同樣地，研究人員發現，法學院學生在希望量表上的排名，比任何其他因素（包括法學院入學考試〔The Law School Admission Test, LSAT〕分數）都更能預測他們的成就。

其他研究顯示，在許多不同的領域，希望與成功之間都存在相關性，而不僅僅是在學術領域（在學術領域，希望比智力更重要）。例如研究發現，在職業運動員中，希望比自尊和情緒更重要，有時甚至比天生的運動能力更重要。順便說一下，運動員首先比非運動員更懷有希望。

認知心理學家史考特・考夫曼（Scott Kaufman）在其二〇一二年一月的部落格中指出，**才華、能力或技藝都不會讓你「成功」，無論你如何定義它。**他寫道：「在過去的幾十年裡，大量心理學研究都清楚顯示，真正能讓你成功的是心理因素。」你可以擁有世界上最好的引擎，但如果你懶得開車，你將無法到達任何地方。

多年來，心理學家提出了許多不同的因素，包括毅力、自我意識、樂觀、激情和靈感。儘管這些都很重要，但考夫曼認為有一種因素**在心理學和社會中特別被低估和忽視，那就是「希望」**。

他繼續解釋：「希望不僅僅是一種感覺良好的情緒，亦是一種動態的認知激勵系統。」根據這種希望觀，情緒出現在認知之後，而不是之前。也就是說，希望先於積極情緒。考夫曼指出，缺乏希望的人，在行為上的另一種選擇是「易掌控的」目標，即簡單的任務，這些任務為成長提供的可能性有限，而且不能促進「人掌握自己的命運」這一重要信念。

有些研究比較了各種特質對成功的貢獻，這些研究發現，希望對成功的貢獻，遠遠超過自我效能感（相信自己能夠掌握某一領域）和樂觀。那些**被評定為充滿希望的人，展現了更高水準的個人幸福感。**夏恩・羅培茲（Shane Lopez）是該領域的主要研究者之一，也是斯奈德的學生，他在二〇一三年出版的《希望——蓋洛普調查主張，最有力量的幸福信念》一書中，分析了希望心理學。羅培茲認為，**希望是健康、快樂生活的最重要指標，也是人際關係、事業或商業成功的最重要指標。**透過閱讀這本書，我們可以清楚地看出，羅培茲更多地將希望視為一種策略，而不是一種感覺。羅培茲與蓋洛普民意調查公司（Gallup polling company）合作開發了一份調查問卷，用於評估美國五到十二歲學生的希望水準、投入程度和情感健康狀況，他們認為這些資料，最終將決定教育系統實現其目標的能力。超過一百萬名學生填寫了這份問卷。

考夫曼指出，我們習慣認為自己目前的能力，是未來成功的最佳預測指標。然而，他認為，許多研究顯示「心理」因素更重要；它最終將帶動我們實現目標。而希望是一種特別重要的因素，也許是最重要的因素。

浮或沉，生或死

膽小的讀者可以跳過接下來的兩段，因為這部分內容描述了心理學史上最殘酷的實驗之一。

精神生物學家柯特．里克特（Curt Richter）試圖研究實驗室老鼠的耐力與水溫之間的關係，他將每隻無助的老鼠放在一個單獨的容器中，並在容器內注滿水。里克特選擇的容器形狀，不允許這些可憐的動物往上爬，牠們只能做出殘酷的生存抉擇：**不是繼續游泳，就是溺水而亡。**

里克特和他的同事們發現，即使水溫相同，具有相似身體特徵的老鼠，在游泳時間上也存在很大的差異，在溺水前游泳的時間從幾分鐘到幾個小時不等。研究人員試圖找到為什麼有些老鼠的耐力遠遠超過其同伴。

在實驗的後期，研究人員並沒有直接將老鼠扔到容器中，而是將老鼠拿在手中，然後放開牠們，讓牠們暫時擺脫在水中等待牠們的悲慘命運。這過程重複了幾次，然後研究人員才將老鼠放入容器。在容器中，牠們被水澆了幾分鐘，然後放回籠子裡恢復。這個過程也重複了幾次。研究人員認為，在這個階段，老鼠已經可以接受「生或死」的可怕測試了。經歷上述過程的老鼠，在因為疲憊而放棄掙扎並溺水之前，平均游了六十多個小時。研究人員認為，一旦老鼠嘗到一點自由的滋味，牠們的齧齒動物思維就會將牠們與逃生努力連結起來，進而使牠們相信自己能對命運有一些「控制」。牠們獲得的控制感（與實際控制相反）足以帶來希望，即如果繼續用牠們的小短腿划水，牠們就有可能生存下來。

大量研究證實，積極的情緒，特別是**希望，對我們的健康和復原力有積極影響**。哈佛大學醫學院的教授傑若．古柏曼（Jerome Groopman）在《希望，戰勝病痛的故事》一書中，描述了希望在一些癌症患者（其中包括他的一些同事）康復過程中的作用。古柏曼認為，希望使許多患者有能力應對為根除疾病而進行的侵略性化學治療，以及破壞性放射治療所產生的副作用。

古柏曼描述的兩項研究，清楚地顯示了希望在緩解疼痛方面的力量。其中一項研究在義大利的杜林大學進行，考察了志願受試者的疼痛反應。一種類似袖帶的東西被固定在他們的手臂上，研究人員可以將之收緊到引發真正呻吟的程度，因為它迅速切斷了血液流動。在每次連續收緊這個科學折磨裝置（測量脈搏、血壓、出汗和肌肉收縮）之前，受試者都會被注射一針嗎啡。正如預期的那樣，他們沒有表現出任何痛苦。

這個過程重複幾次之後，研究人員便停止為受試者注射嗎啡，以生理食鹽水代之，但不告知受試者。受試者以為注射的是止痛藥，因此沒有表現出痛苦。進行這項研究的法布齊歐·班內迪帝（Fabrizio Benedetti）得出結論，受試者相信他們又接受了一劑有效的嗎啡，並期望它將使他們擺脫疼痛，這啟動了大腦產生腦內啡和其他止痛劑的釋放機制。根據班內迪帝的說法，期望和信念也能阻止大腦中負責加劇疼痛感的其他物質活動。

在古柏曼描述的第二項研究中，一百八十名膝蓋有關節炎症狀的患者，被分為兩組進行治療。其中一組接受了關節鏡手術，而另一組接受了「安慰性假手術」（sham placebo surgery）——包括小切口和生理食鹽水的噴灑。兩組患者接受了相同的手術準備，停留在手術室的時間相同，並且接受了護理師的相同護理，護理師不知道哪些患者屬於哪個組。最重要的是，兩組患者在接受不同手術後的康復結果相似。

上述兩項研究中的關鍵因素——**信念和期望**——**是安慰劑效應（Placebo Effect）的基礎**，而安慰劑效應則是身體與心靈之間聯繫的終極範例。根據這種效應，在服用了類似於藥物但無治療作用的藥片，並且相信自己服用了真正藥物的三名患者中，有一人對安慰劑的反應，就好像它是真正的藥物一樣，即使只是在有限的時間內。這一機制顯然始於神經系統對一個人的期望和信念的反應，即積極的變化即將發生。這反過來又引發了連鎖反應，提高了康復和復健的可能性。

一些新的希望研究者，試圖稍稍拓寬這個研究領域，將祈禱納入其中。在一項實驗中，研究人員試圖確定，知道有人在為患者祈禱，而不是祈禱本身，是否會影響患者的健康狀況。這項研究的統計精確度極高，但研究結果讓研究人員感到困惑：接受搭橋手術的患者在被告知人們在為他們祈禱（這是真的）後，出現併發症的比例，明顯高於被告知可能會或可能不會有人為他們祈禱的病情類似的患者（無論人們是否真的為他們祈禱）。

班傑明．摩澤斯（Benjamin Mozes）在《科學醫學的真相》（*The Truth of Scientific Medicine*）一書中描述了這個實驗，為這種現象提供了一個可能的解釋：身患重病或需要接受複雜手術的人，可能會將「請人來祈禱」的這個事實，作為其病情嚴重的證據；認為病情嚴重會增加他們的焦慮，並可能對恢復和治療過程產生不利影響。也就是說，當希望自主出現時，它會產生積極的影響。其他人對我們抱有希望，並告訴我們這一點，實際上可能會破壞「使希望成為最有影響力的積極情緒之一」的微妙機制。

拿破崙說：**「領袖就是販賣希望的商人。」**兩百年後，印有「希望」一詞的歐巴馬標誌性肖像，成為他總統競選活動的象徵（「是的，我們一定行」），並吸引了有史以來為美國總統競選動員人數最多的志願者。在歐巴馬的演講中，他表示自己非常熟悉拿破崙的觀點：**「希望不是盲目的樂觀。」**他在一次演講中曾說：「希望並不是忽視前方任務的艱鉅性，或阻礙我們前進的障礙。希望是相信命運不會為我們書寫，而是由我們自己，由那些不滿足於現狀、有勇氣重塑世界的男人和女人書寫。」歐巴馬很快意識到，現代世界對政治家的考驗是，他們能否為公民提供希望，即經濟、政治和社會上的希望。

哲學家理察・羅蒂（Richard Rorty）將希望稱為我們給自己講述的「超級故事」，對我們來說，它象徵著更美好未來的承諾和機會。

斯奈德對希望的定義（欲望和方向的結合）從未如此有意義，因為大多數已開發國家的政府都雄心勃勃，但嚴重缺乏方向。用馬基維利（Machiavelli）的話說，**沒有什麼比無法找到希望的理由更令人絕望了。**

挑戰底線的方法

重視過程，而非結果。

一九九九年九月二十三日，美國國家航空暨太空總署（NASA）的一艘研究太空船——火星氣候探測者號（Mars Climate Orbiter）——在離火星距離過近時被燒毀。後來人們發現，事故的源頭在於軟體，該軟體錯誤地根據公制而不是英制進行計算。由於這個計算錯誤，太空船被指示以距離火星六十公里的距離繞火星飛行，而不是計畫的一百四十公里的安全距離。考慮到太空船必須飛行五千萬公里才能到達火星，這個計算錯誤似乎可以忽略不計。然而，這決定了科學上的成功或澈底的失敗。由於程式設計錯誤，太空船未能到達目的地，這就是太空飛行任務沒通過最終測試的一個簡單例子。

但並非所有事件都如此一目瞭然。意圖和結果往往同時出現，有時甚至需要訴諸法庭才能將它們分開。我們如何評價一隻好心的熊為主人做的事（從主人的臉上拍下一隻蒼蠅），而這個舉動導致了意想不到的結果（主人的鼻子被打斷）？或者，我們如何評價一次旨在解救人質，卻導致重大生命損失的行動？

這樣令人困惑的問題也出現在文學中。我在路易斯・卡洛爾（Lewis Carroll）的《鏡中奇緣》一書中，找到了一個簡單的例子。愛麗絲試圖對崔德迪——崔德頓的雙胞胎——為她朗誦的一首詩中的兩個英雄，形成自己的看法。詩中講述了一隻海象和一個木匠晚上沿著海灘散步時，狼吞虎嚥地吃活牡蠣的故事。起初，愛麗絲傾向於從道德的角度偏愛海象，因為海象對自己吃掉的牡蠣感到難過，甚至為牠們流下了眼淚，正如詩中所述。但崔德迪告訴她，事實上海象吃的牡蠣比木匠多，牠用手帕遮住臉，防止木匠看到牠吃了多少牡蠣。當愛麗絲把道德偏好轉向木匠時，崔德頓迅速解釋道，木匠把他能抓到的所有牡蠣都吃了。愛麗絲感到困惑，突然面臨根據結果判斷，還是根據意圖判斷這樣的道德困境。

無獨有偶。其他時代的重要思想家也一直在思考這個問題：**結果和意圖，哪個更重要？**伊曼努爾・康德（Immanuel Kant, 1724–1804）認為兩者中，意圖更為重要。他在《道德形上學基

礎》（*Groundwork of the Metaphysic of Morals*）第一章的開頭寫道，在這個世界上，或者在這個世界之外，除了善意，沒有任何東西可以無條件地被稱為「善」。也就是說，**由好心驅動的善意，是判斷一個人是否道德的決定性因素。**如果某個行為的結果是積極的，但不是出於好意，則不能被認為是道德的。與此相反，約翰・彌爾（John Stuart Mill, 1806–1873）提出了一種完全關注結果而忽視意圖的方法。在他看來，快樂和免於痛苦是唯一可取的結果。每個行為都要根據實用的結果來判斷——增加快樂或減少痛苦。

正如各種宗教所暗示的那樣，意圖與結果之間的關係，也是檢驗精神世界的可能標準。例如，天主教徒更傾向於對意圖的檢驗，而不是對行動的檢驗。雖然遵守誡命是對猶太信徒的主要考驗，但拉比傳統強調，上帝對人的內心和內心的意圖更感興趣。這也是猶太教重視悔改的原因。

如果我們確實認知到，以最終結果來評估行為道德的侷限性，我們就能在最終結果檢驗失敗的情況下自由成長。

社會將法律作為一種工具，來縮小個人對事件的解釋，以確保社會秩序。根據世界上大多數的法律制度，如果不從情感和事實基礎兩方面考慮，就無法定義犯罪；如果兩者之一缺失，就不構成犯罪。拿走他人物品並有意歸還的人不是小偷，而無意殺人的人，被控以過失殺人罪而非謀殺罪。情感基礎——行為中的意圖——在司法程序中至關重要。

然而，當哲學家為「意圖和結果孰輕孰重」的問題爭得面紅耳赤時，當大量的法律論證試圖區分結果和意圖時，商業世界的做法就好像這個討論早已定論：薪資水平、成長率、投資報酬率和股價，早已成為一切的一切。你所處的環境、你的起點、你所獲得的支持或你所選擇的道德路徑——這些都不重要，你的經濟成就和你在社會知名度競爭中取得的進步最為重要。但是，那些自吹自擂，聲稱對結果負全部責任的人，實際上是在傲慢地宣稱，他們也對影響結果的所有因素負全部責任。

為什麼人們往往把成功歸功於自己的能力，而把失敗歸咎於運氣不好？我們的失敗難道不是因為低估了機遇的力量嗎？機遇可能是成功方程式中，最重要的因素（不管我們是用經濟利益、社會知名度，還是其他標準來衡量成功）。

納西姆·塔雷伯（Nassim Taleb，《隨機騙局——潛藏在生活與市場中的機率陷阱》和《黑天鵝效應》的作者）確信，經濟成功在很大程度上取決於運氣，而巨大的成功則是撞大運的結果。事實上，資本市場——塔雷伯的主要參照系——是隨機性的首選賽場，在這裡，決定成功的因素是巧合和順風，而不是專業能力。我們盛讚（或貶低）商業英雄，主要是因為我們對統計規律的錯誤理解，以及人類為隨機事件賦予意義的需求，而不是因為他們的商業頭腦。就像

一百萬隻擁有打字機和無限時間的猴子中，其中一隻可能會寫出《哈姆雷特》一樣，眾多投資經理中的一個，可能會連續三十年擊敗市場——但他們都是透過純粹的機會做到這一點的。

經濟學家約翰・凱（John Kay）並不贊同聚焦於最終結果的方法。在《迂迴的力量》一書中，他認為最賺錢的公司，不一定是那些不惜任何代價追求利潤的公司；世界上最富有的人不是最物質的，最幸福的人不一定追逐幸福。不直接以結果為導向的方法，可能會比有針對性的方法產生更好的結果。例如，製藥和醫療設備公司嬌生（Johnson & Johnson）的信條，描述了指導其決策的價值觀，將對消費者和醫務人員的責任，置於對股東的承諾之上。儘管如此，嬌生公司在醫療領域取得了比其他任何公司更好的長期業績，為股東創造了最高價值。我們不要忘記，醫學史上的大多數重要發現都是偶然的：X射線、青黴素、結核分枝桿菌、胰島素、煩寧（Valium）和威而鋼（儘管正如法國微生物學家路易・巴斯德〔Louis Pasteur〕所言，「機會偏愛有準備的頭腦」）。就這些研究發現而言，對其結果的檢驗，主要是檢驗其有效性以及頭腦的準備情況。

長期以來，體育界一直被用來比喻我們生活中更具競爭性的方面，這些方面通常由最終結果來判斷（**「勝利不是一切，而是唯一」**）。因此，商業世界的語言從競技體育的經驗中汲取了許多，這並不奇怪，但人們沒有注意到，許多職業運動員受過程驅動的程度並不亞於結果。

國際鐵人三項比賽的獲獎者兼教練史考特・莫里納（Scott Molina）說，他試圖教導他的學生，如果他們在日常訓練中學會熱愛挑戰，理想的結果就會如期而至。傳奇排球教練泰瑞・皮迪特（Terry Pettit）認為，**一個好教練關注過程，而不是最終結果**。如果一名籃球運動員認為他的最後一投會決定比賽的命運，那麼他可能會因為壓力過大而投不中。反之，如果他考慮的是熟悉的球感、投籃前的深呼吸及隊友的支持，而不以投籃結果為條件，那麼他投進決定性一球的可能性就更大。網球運動員知道，他們應該集中精力贏得正在打的這一分，或者提高開局發球的成功率，而不是專注於贏得整場比賽。

在我已經練習多年的亞歷山大技巧（Alexander Technique）中，有一個概念叫做「最終獲益」（end gaining），即專注於最終結果，完全不享受過程。**職業運動員知道一個公式：產生結果的方法，實際上是專注於過程**。所有領域的創造者都一致認為，過程的重要性不亞於最終產品。他們在過程中花費了大量的時間，投入了大量的情感資源。因此，他們期望過程是令人愉快、令人滿意和鼓舞人心的。正確管理過程中的情緒，是提高未來工作水準的真正關鍵。那些得到與預期結果不同的人往往會發現，這為他們豐富內心世界，提供了重要的可能性。

就孩子的教育而言，將追求最終結果的方法應用於教育孩子，這一過程的巨大危險在於，它強化了「世界本質上是一個競爭激烈的地方」這一過於簡單化的觀點。研究顯示，**表揚孩子努**

力（過程）的父母，與表揚孩子成就的父母相比，對孩子成年後的成功幫助更大。成功的能力在很大程度上，是應對失敗的能力，那些在童年時期因努力而贏得讚揚的人，能夠在第一次嘗試失敗後，再次調動資源來應對挑戰。而那些因成就而贏得讚揚的人，在面對意外困難時，往往會放棄。父母對孩子的成就，提出過高的要求，並在他們未能達到這些期望時，給予過度的批評，這實際上是在培養未來的完美主義者——那些無法區分錯誤和失敗的人。

畢竟，對犯錯的恐懼，是盤旋在孩子頭頂的最大威脅，因為他們被灌輸了這樣的思想：

父母的認可和接受，取決於他們的成績，而不是付出的努力。

現代的結果檢驗，是淹沒在數位和資訊中的文化捷徑，完全忽視了過程作為分析和發展的基礎。在我們感到熟悉和安全的舒適區內成長是很困難的。但是，當沒有犯錯，甚至毫無失敗的餘地時，走出這個區域也是不可能的。因此，當前的結果成為未來結果的唯一預測因素，沒有改進的空間。此外，在追求最終結果觀盛行的文化中，我們對達到目的所使用的手段會變得寬容，即使這些手段是可疑的。

幸福：剪切並保存

我們可以掌控的十條幸福法則。

在二〇一五年出版的《幸福產業》（*The Happiness Industry*）一書中，威廉・戴維斯（William Davies）問道：「在二〇一四年的世界經濟論壇上，一位佛教僧侶在做什麼？」作者認為，這位僧侶和商業公司的「幸福官員」一樣，反映了過去十年發展起來的一項趨勢：各個領域對測量人們的感受愈來愈感興趣，其目的僅僅是為了利用這些資料，來滿足他們自己的政治或商業需求。為消費產業工作的腦科學家，希望最終發現我們大腦中的「購買按鈕」，而製藥公司的廣告商則透過尋找研究，來證實其昂貴產品所宣稱的效果。

近年來，有關幸福的文獻和研究層出不窮，這一點毋庸置疑：**一半的人在努力追求幸福，**

另一半的人則忙於研究前者是否成功找到幸福。在我們的大腦中，尋找幸福中心的「精密掃描器」突然取代了我們簡單的主觀感覺——「是的，我現在很幸福」。

當英國國家統計局在二〇一二年首次發布幸福報告時，還能舉出英國公民感到最幸福的地區和工作。綠色似乎對英國公民的幸福感有積極的影響——這裡所說的不是綠色鈔票。相反地，在蘇格蘭風景令人嘆為觀止的綠色地區，人們的幸福感最高，而森林管理員則是滿意度最高的工作崗位。

直覺上，我們都明白研究所揭示的：超過一定水準的財富不會帶來幸福，儘管可以買到很多舒適。我們的親身經歷也告訴我們，**許多帶給我們巨大快樂的時刻，不需要花多少錢，或者根本不需要花錢。**奇怪的是，儘管我們都認為財富並不能保證幸福，但我們都必須，而且絕對必須，親自驗證這一假設。

如果你願意如實回答下面這個簡單的問題，也許你就可以免去積累和維持財富這個令人沮喪的使命：**你可以選擇這兩個世界的其中一個生活。在第一個世界裡，你每月賺五千美元，而大多數人只賺兩千五百美元；在第二個世界裡，你每月賺一萬美元，而其他大多數人每月賺兩萬美元。假設兩個世界的貨幣購買力相同，你會選擇哪個？**

在各種研究中，成千上萬的調查受訪者，立即選擇了相對於他人而言，收入更高的世界，而放棄了就絕對值而言，收入更多的世界。自從智人邁出第一步以來，這種將自己與他人進行比較的殘酷衝動，一直困擾著人類社會。

無論過去還是現在，我們都不會拿自己跟比爾．蓋茲和華倫．巴菲特比較，而只會與大約一百五十個人進行比較：熟人、家庭成員、小學或大學同學、工作上的同事、體育活動中的夥伴等等。為什麼是一百五十個人？這是**「鄧巴數」**（Dunbar's number），以英國人類學家羅賓．鄧巴（Robin Dunbar）命名。鄧巴斷言，由於我們的認知和情感限制，一百五十是我們能夠維持的最大社會關係數量。他的複雜計算，是基於非人靈長類動物大腦的大小與十五萬年前，牠們在非洲大草原漫遊的群體大腦的平均大小之間的相關性。

Facebook 內部社會學家凱莫隆．馬洛（Cameron Marlow）接受《經濟學人》雜誌採訪時，再次證實了這一理論。根據馬洛的說法，平均每個 Facebook 用戶有一百二十個「好友」。哲學家伯特蘭．羅素（Bertrand Russell）在下面這句話中，表達了他對人性的深刻理解：**「乞丐不會嫉妒百萬富翁，而是嫉妒比他們擁有更多財富的乞丐。」**正如尖刻的作家戈爾．維達爾（Gore Vidal）所承認的那樣：**「每當一個朋友成功時，我內心的一些東西就會死去。」**

經濟資產對我們的幸福感影響有限的第二個原因，是它們的臨時性。這種現象被稱為**「享樂適應」**（hedonic adaptation）或**「享樂跑步機」**（hedonic treadmill），反映了我們通常對變化的

快速適應，包括獲得新的物質資產。最新一次的加薪，很快成為下一次加薪的基礎，我們購買的豪華汽車真皮內飾的香味，一個月後就會消散。這種基於漸進的現象，緩和了我們在情緒事件中經歷的高潮和低谷，使我們回到預設的個人幸福水準。享樂適應的機制類似於恆溫器，在冷熱變化的條件下，按照設定的溫度加熱或冷卻房間。

根據這種觀點，我們每個人都有自己的「幸福恆溫器」，它定義了我們在一生中大部分時間裡所享受的幸福水準。中樂透會在一段時間內改善我們的感受，但大約一年後，我們將回到我們校準的基本幸福水準。在交通事故中遭受創傷，我們也會在類似的時間間隔後，恢復到這個水準（只有失業或配偶去世需要更長的調整期）。因此，這種現象在許多情況下被描述為「一臺跑步機」毫不奇怪，我們需要在上面「跑步」，以維持一定水準的幸福感。

最重要的是，**遺傳決定了個人幸福恆溫器的設定。**我們通常認為，一個人的幸福水準有五十％歸因於遺傳因素，另外十％歸因於環境因素（如年齡、家庭狀況、社會人口特徵、職業、智力、外貌和信仰）的組合。因此，我們今天聚集在這裡討論剩下的四十％：我們能夠控制的幸福影響因素。

二○○四年夏天，備受讚譽的分析師詹姆斯・蒙蒂爾（James Montier）在他的第二季度報告中，讓DKW投資銀行的雇主大吃一驚：他沒有像預期的那樣提供經濟見解，而是向銀行客戶提供了一些如何提升幸福感的建議。在蒙蒂爾的顛覆性文件中，他也毫不掩飾地表示，銀行客戶從他的經濟建議中可能獲得的資本收益，不一定會讓他們更幸福。得知這位有趣的分析師不再於這家銀行工作時，你不會感到驚訝，但他的一些建議，在今天仍然適用。二〇〇七年，我在我的第一本書《黑猩猩會夢想退休嗎？》（*Do Chimpanzees Dream of Retirement*）中，總結了他的結論。我持續關注書中提到的各種研究，尤其是心理學家大衛・邁爾斯（David Myers）的研究，以及他在心理學領域發表的一些重要更新。我很高興在這裡向你介紹十條幸福法則，它們全都在你的掌控之內。

1 深刻認知到幸福不取決於經濟成功

事實上，**不僅財富買不到幸福，認為物質上的成功會帶來幸福的想法，更會滋生不幸福。**在某種程度上，這是由於我們與生俱來的破壞性比較機制——即我們總能找到比我們更富有的人。同時這也歸因於享樂適應，它調節了經濟成功帶來的任何情緒高漲。

美國心理學家提姆・卡瑟（Tim Kasser）是「物質主義損害幸福」這個觀點最著名的支持者。在一項關於物質主義代價的研究中，他考察了商科專業學生的幸福感與其物質主義之間的

相關性。他發現，那些傾向於用金錢和知名度來衡量自我價值的人，即使達到了為自己設定的目標，自我實現感也較低。而偏好自我發展和社區參與等內在價值觀的學生，在成功實現目標時，會有更高的自我實現感。

此外，事實證明，**物質主義和社會孤立是相互加強的**：孤獨的人強迫性地追求物質財富，而物質主義者更容易有孤獨的危險。物質主義者似乎也更容易患上偏執型、自戀型人格障礙，以及出現焦慮和注意力等相關的問題。你可以從美國諾克斯學院所製作圖文並茂的影片學到很多東西，卡瑟在該學院教授心理學。卡瑟言行一致——他與妻子、兩個孩子和幾隻寵物，在美國伊利諾州的一個農村過著儉樸的生活。二〇一四年十二月，在接受美國心理學會（APA）的採訪時，卡瑟指出，物質至上的人，會付出額外的社會代價：他們被認為更喜好競爭，更會擺布人，更自私且缺乏同情心。他斷言，人們變得物質主義，是因為他們從父母、朋友或媒體那裡接收到的資訊，同時也是因為他們缺乏自信、受到排斥，且經濟壓力大。

卡瑟與英國薩塞克斯大學的同事進行了一項綜合分析，比較時間跨度相對較長（長達十二年）的研究，這項分析有助於進一步消除任何揮之不去的懷疑，即**物質主義確實會降低幸福感**，並使憂鬱和身體疼痛更加嚴重。那些被定義為「物質主義」的人也表示，他們的愉快經歷更少，對生活的滿意度也更低。

2 投資於體驗，而非資產

說到幸福，體驗與資產相比，具有明顯的優勢。首先，**體驗受享樂適應的影響較小**。因此，你可以去看一場演出，而不是買一件新襯衫；你可以去國外旅行，而不是購買珠寶或時尚手錶。體驗還有另外一個重要優勢：在事後回憶起它們時，我們可以在腦海中對它們進行美化。最重要的是，**我們的身分是由我們積累的體驗（以及我們對這些體驗的記憶）構成的，而不是由我們的資產清單構成的**。與許多廣告商想讓我們相信的相反，我們並非我們所購買的東西。

如果你已經決定購買資產，那麼請將它們分成小筆購買，並與你生活中的積極事件相對應，不要一次性地大筆支出，在無情享樂適應的磨石下體驗短暫的快樂。我們什麼時候才能明白，我們無法透過購買夠多（我們本來就不需要）的東西，來獲得快樂？

3 騰出時間，定期進行體育鍛鍊

研究人員對這個問題的看法高度一致。二十分鐘適度的體能活動，足以將腦內啡釋放到血液中。腦內啡是我們大腦中產生的化學物質，有助於緩解疼痛和壓力，克服輕微的憂鬱。顧名思

義，這個物質的結構與嗎啡相似，但其來源是天然的——人體本身。**有規律的體育鍛鍊，對健康有許多益處，這反過來又會影響我們的幸福感。**建議每週進行一百五十分鐘的體育鍛鍊，最好是在戶外。近期的研究顯示，與普遍的看法相反，超過這個基本時間長度，會對健康產生額外的益處，峰值是每週運動八小時。

4 投資於發展親密的社交關係

麥爾坎・葛拉威爾（Malcolm Gladwell）在《異數——超凡與平凡的界線在哪裡？》一書的序言中，介紹了美國賓州一個名叫羅塞多的小鎮，這個小鎮是由來自風景如畫的義大利同名村莊的移民建立的。第一批移民於一八八二年抵達，他們被吸引到賓州的這個地區，從事石板開採工作——這是幾個世紀以來，羅塞多人的傳統生計來源。

不久，大量來自這個義大利村莊的移民，聽說了新世界的無限可能，並加入賓州的拓荒隊伍。到十九世紀末，羅塞多這個美國小鎮上已有幾千名移民，他們繼續沿襲著故鄉的風俗習慣，用義大利福賈地區的方言熱情地交談。一八九六年，一位充滿活力的年輕牧師來到了這個偏僻的小鎮，一股社會和經濟發展的勢頭席捲而來。在他的領導下，人們成立了靈修會，組織了節日活動。這位富有遠見的牧師，鼓勵居民把自家後院打造成花園和果園，並分發種子和球莖。很快，其他社區機構也緊隨其後，學校、修道院和公園建造了新的社會基礎設施。

二十世紀五〇年代末，奧克拉荷馬大學的內科系主任史都華．伍爾夫（Stewart Wolf）來到羅塞多附近的一個農場度假。在一次與當地醫生的閒聊中，他聽說六十五歲以下的羅塞多人很少患心臟病（當時是二十世紀五〇年代，心臟病在美國已達到流行病的程度，而且當時還沒有降膽固醇的藥物和作為血液稀釋劑的阿斯匹靈）。伍爾夫預感到其中蘊含著科學奧祕，並迅速組織了一個研究小組對此進行調查。他最初認為，這種對心臟病的明顯免疫力，可以歸因於羅塞多人的生活方式和飲食習慣，但他很快發現，他們攝取的熱量有四十一％來自脂肪，而且他們更喜歡葡萄酒，而不是牛奶或任何其他飲料。伍爾夫意識到，答案並不在居民的生活方式上。

接下來，伍爾夫追蹤來自義大利同名村莊，但在北美其他地方定居的移民，發現這些人的死亡率與全美國平均值相似，他試圖在地理區域尋找答案也沒有成功。兩個相鄰小鎮居民的醫療紀錄，呈現出一幅令人沮喪的畫面：心臟病的死亡率是羅塞多的三倍。另一個統計數字上的奇蹟是，在這個小鎮中，喪偶男性的數量，超過了喪偶女性，這與其他地方的情況正相反。當然，不用說，犯罪率為零。

伍爾夫意識到，答案就在小鎮本身。事實上，當他在鎮上散步，他注意到居民們在街上聊天，偶爾會一時興起邀請對方到家裡吃頓飯，通常三代人住在同一個屋簷下。家庭主婦備受尊重，老年人也能融入社區。

伍爾夫認為，羅塞多人的心臟病發病率較低，是因為無壓力的生活方式。這個小鎮非常有凝聚力，沒有比較之風。他後來寫道：「房子離得很近，每個人的生活都差不多。」在一個社會指南針是平等主義的社區裡，那些成功的居民不會輕易炫耀自己的成功，而那些失敗的居民，可以很容易地隱藏自己的處境。簡而言之，二十世紀上半葉，生活在羅塞多的人不會感到孤獨或嫉妒。

這種現象被稱為**「羅塞多效應」**（Roseto effect），一被發現，就引發深入的研究和追蹤。一項持續至少五十年的研究發現，隨著羅塞多人偏離他們的義大利社會傳統，轉而接受美國社會的特徵，他們的死亡率有所攀升。一九七一年，這個小鎮出現了第一例四十五歲以下心臟病患者的紀錄。

對我來說，羅塞多的故事代表了近年來幸福研究的最大創新：社區、無論順境或逆境，都有人與之分享生活，以及親密關係的發展，對個人幸福的貢獻超過了本列表中的大多數因素。從某種意義上來說，**朋友和配偶不會受到享樂適應的影響。相對於金錢買不到的東西，我們會更快地習慣於金錢能買到的東西。**

如何在黑暗房間找一隻黑貓

5 讓身體得到應有的休息

為了推進職業生涯和獲得經濟回報，我們是否最好放棄幾個小時的睡眠？如果你向經濟學諾貝爾獎得主，在幸福研究領域頗有影響的丹尼爾·康納曼（Daniel Kahneman）諮詢，他會毫不猶豫地回答：若在兩者之間做出選擇的標準是你的幸福，那麼**睡眠比加薪更重要**。康納曼在二〇〇六年發表的一篇文章中指出，**生活滿意度與睡眠品質的相關性，高於生活滿意度與收入（以及許多其他因素）的相關性**。快樂的人非常活躍，但一定要讓身體得到適當的休息。睡眠不足會導致疲勞、注意力不集中和情緒低落。適當的睡眠與記憶力和創造力的提高、對咖啡因等興奮劑的依賴減少，甚至更容易減肥之間，都存在積極的關聯。

6 控制時間，設定可實現的目標

二〇〇四年，詹姆斯·史密斯（James Smith）和貝倫·艾德里奇（Beren Aldridge）在英格蘭湖區創辦了一個農場，為患有各種精神障礙的患者提供替代治療。這些患者的醫生或福利官員決定，由於某些原因，他們不能接受藥物治療。與大自然親密接觸、擠牛奶和種植蔬菜在當地

市場出售，這些聽起來很簡單，卻對那些因嘈雜的城市生活而精神失常的人，產生了積極的影響。該計畫非常成功，農場「志願者」（對患者的稱呼）的狀況也有了明顯改善。

原因是什麼？親近大自然？戶外運動？擁抱樹木？艾德里奇認為並非如此。在他看來，關鍵因素在於給予「志願者」自由，讓他們在類似合作社的組織結構中，計畫自己的日常安排和生活。如果沒有農場生活的核心組成部分，即成員參與決定其日常生活及在農場發展等級中適當位置的決策，那麼園藝、放牧和收割的治療效果就會非常有限。

我們都傾向於高估自己在一天內能完成的事情，卻低估自己在一年中能取得的成就。

快樂的人意識到了這一點，他們會設定可實現的目標，包括日常目標。當他們掌控自己的命運，並實現為自己設定的日常目標時，他們會感到快樂。

考慮到腦內啡，我內心深處知道，當我在寒冷的天氣出門跑步時，我依然能獲得深深的滿足感，因為即使天氣條件誘使我放棄，我也能對自己的生活保持一定的控制。

7 在「心流」狀態下做事

「心流」是美國加州克萊蒙研究大學的工商管理學教授米哈里・契克森米哈伊（Mihaly Csikszentmihalyi）提出的概念。要是瑞典皇家科學院的成員能夠念出他的姓氏，他早就獲得諾貝爾獎了。契克森米哈伊將「心流」定義為一種完全沉浸於當前活動，但不被其淹沒的狀態。

當我們處於心流「區域」時，我們所有的情緒，都會被調動起來執行手頭的任務，而不會想到其他事情。

處於心流狀態的人（這讓人想起東方哲學中描述的類似狀態）稱，他們有一種自發的喜悅和興奮的感覺。心流取決於在「特定任務的挑戰」和「執行任務的技能」之間，保持微妙的平衡：技能水準超過挑戰，會導致無聊；而挑戰超過技能水準，會導致挫敗感。

當你在加勒比海的私人遊艇上，糾結於現在喝雞尾酒是否為時過早，或者糾結於泳衣是否符合最新潮流時，你是無法達到「心流」狀態的。週末織毛衣或整理書櫃時，更容易達到「心流」狀態。寫書的人都有過很多次這樣的經歷：抬頭看時鐘時，吃驚地發現已經凌晨兩點了。

8 關掉電視機

看電視有害。愈來愈多的研究顯示，**看電視與幸福之間，存在負面連結。**看電視幾乎不符合我們在前面列出的任何一條幸福法則。在比較測驗中，我們註定要在電視上看到比我們更有魅力、更聰明、更會操作各種事物的人。如果你聲稱真人秀節目的參與者，都是像你我一樣的人，那麼你不得不承認，有時你會忍不住想，也許他們更勇敢一些。

如果你已接受物質主義對你有害，那就來聽聽提姆・卡瑟的另一個見解。他的研究還顯示，**人們電視看得愈多，就會變得愈物質。**電視網絡受商業動機驅動，而這些動機，幾乎只能透過廣告來實現。廣告商在編廣告詞時，最不願意考慮的就是我們的幸福。反之，只有當他們讓我們感到痛苦，並使我們相信，只有購買他們推銷的產品才能治癒痛苦時，他們才能成功地把產品賣給我們。

這也是建議限制使用社群網路的原因。我們將自己的生活與朋友在社群媒體上晒出的幸福經歷進行比較後，那點尚未被摧毀的快樂，會立即被廣告所侵蝕。這些廣告是根據我們的需求量身定制的，帶有精確而可怕的「統計手術刀」。卡瑟與美國聖地牙哥州立大學的心理學教授珍・特溫格（Jean Twenge）進行一項令人大開眼界的研究發現，青少年物質主義的增長，與美國經濟中，廣告支出的增長直接相關。

我們一生中對著電視機螢幕的時間，可能比在辦公室的時間還要多；我們不會利用這段時間進行體育活動或發展社交關係。事實上，**肥胖和社交孤立，與每天觀看兩個小時以上的電視，以及在電視機前進食直接相關**。二〇〇八年發表的一項基於三萬人樣本的綜合研究顯示，生活中不快樂的人在電視機螢幕前花費的時間，比快樂的人多三十%。

保羅．多倫（Paul Dolan）在其二〇一四年出版的《設計幸福——經濟學×心理學×行為科學，實現理想人生的務實思維》一書中指出，快樂和意義之間的微妙平衡是幸福的關鍵。多倫是一位為英國政府提供「個人福祉」建議的經濟學教授。在多倫看來，看電視是愉快但毫無意義的活動，而養育子女恰恰相反：它並不總是令人愉快，但有意義。

此外，在很多情況下，我們都是一個人看電視，我們已經知道，那些遠離朋友和家人的人也遠離了幸福。艾略特（T. S. Eliot）給電視下的定義很好：

「電視是一種娛樂媒介，它允許數百萬人在同一時間聽同一個笑話，卻仍然感到孤獨。」

9 走出自我，去做更重要的事，幫助有需要的人

快樂的人傾向於與他人分享他們的好運——這就是所謂的「樂者助人」現象。然而，事實證明，這是雙向的：當你給予他人時，你自己的幸福感也會提升。一百五十年前，亞伯拉罕・林肯就認識到了這一點（「做好事時，我感覺很好」）。如今，行為科學家已經證實，參與志願服務、幫助他人，或以其他方式表達利他主義的人感覺更好，他們經常體驗到許多人在體育鍛鍊後感覺到的那種「興奮」。這僅僅是激素的釋放改善了我們的低血糖，還是社會比較機制再次「抬頭」？激素固然重要，但我們也要意識到，**當我們幫助他人時，我們也會感到——至少在比較中——我們的處境並不那麼糟糕。**

如果你還選擇參與一個旨在減少社會不平等的計畫，你可能會成為雙料贏家。大石茂弘（Shigehiro Cishi）和艾德・迪納（Ed Diener）是美國備受推崇的幸福研究者，他們在一項涉及十五萬名美國受訪者的研究中發現，一九七二至二〇〇八年間，美國公民的幸福感與經濟不平等程度成反比。**愈不平等，幸福感就愈少。反之亦然——愈平等，幸福感就愈多。**

10 心懷感恩，不以追求幸福為目的

你不需要成為佛教徒，也可以感恩你所擁有的一切：家庭、朋友、教育、健康或自由，不一而足。正向心理學是行為科學中一個相對較新的分支，其支持者聲稱，如果你每天晚上記得對當天發生在你身上的三件好事心存感激，那麼在三週內，你就會發現自己的情緒發生了積極的變化。想一想社會攀比這隻「蛀蟲」對我們造成的傷害，你就會明白，為什麼對發生在我們身上的好事心存感激，而不與他人進行比較，是提升我們個人幸福感的一劑良藥。

不要為了幸福而追逐幸福，儘管我們通常知道自己何時幸福，但有時，正如約翰·巴里摩（John Barrymore）所指出的，**「幸福常常從一扇你不知道自己沒關的門溜進來」**。而在其他情況下，我們只有在幸福這個喜歡躲避我們目光的靦腆傢伙離開房間後，才知道我們曾被幸福光顧。由於我們大多數人不知道究竟是什麼讓我們感到幸福，因此一味地追求幸福註定是要失敗的。有人把幸福比作蝴蝶——你愈是追逐牠，牠就愈是躲避你。然而，如果你專注於其他事情，牠可能就會來到你身邊，落在你的肩膀上。重要的是要記住，**若成功是實現我們想要的東西，那麼幸福就是想要我們已經實現的東西。**

謙遜一點，能走更長的路

我們過於重視自信，卻忘記了謙遜的力量。

據說在二十世紀九〇年代的某一天，媒體大亨泰德・透納（Ted Turner）在一個自我陶醉的興奮時刻說道：「再來一點謙遜，我就完美了。」儘管透納此後變得謙遜許多，但今天的科技企業家們卻依然表現出類似的傲慢。

為什麼要謙遜？畢竟，亞里斯多德說過：「**求知是人類的本性。**」智識謙遜（intellectual humility）是謙遜的一個特殊例子，因為你可以在大多數事情上都實事求是，但仍然忽略你的智力侷限。**智識謙遜意味著認識到我們並非無所不知——我們所知道的，不應當為己所用。**相反地，我們應當承認自己可能對理解的程度有偏見，我們應當尋找我們缺乏的智慧源泉。

網路和數位媒體讓我們感覺無限的知識觸手可及。但是，它們使我們變得懶惰，同時也為無知提供了空間。美國加州大學的心理學家塔妮亞・隆布羅佐（Tania Lombrozo）在「邊緣」（Edge）網站上，解釋了科技如何助長我們對智慧的錯覺。她認為，關於某個問題，我們獲取資訊的方式，對我們理解該問題至關重要——我們愈容易回憶起相關圖像、詞語或陳述，就愈有可能認為自己已經學會了，因此不再費力進行認知處理。例如，以不友好字體呈現的邏輯謎題，會鼓勵人們付出額外的努力來解開它們。然而，這種方法與充斥在我們螢幕上的APP和網站的時尚設計背道而馳，我們的大腦會以一種令人難以置信的「流暢」方式處理資訊。

那網路上進行的所有評論和對話呢？好吧，你是否能從中學到東西，取決於你對他人的態度。在智識方面謙遜的人，不會像許多「酸民」那樣，壓抑、隱藏或忽視自己的弱點。事實上，**他們將自己的弱點視為個人發展的源泉，並將爭論視為完善自己觀點的機會。**天生謙遜的人，往往思想更加開放，解決爭端的速度更快，因為他們意識到自己的觀點可能不正確。美國加州史丹佛大學的心理學家卡蘿・杜維克（Carol Dweck）的研究顯示，如果你相信智力可以透過經驗和努力來發展，你就會比那些認為智力是遺傳和不可改變的人，更加努力地解決困難的問題。

智識謙遜依賴於將真理置於社會地位之上的能力，其主要標誌是致力於尋求答案，並願意接受新觀點——即使這些新觀點與我們的觀點相矛盾。在傾聽他人時，我們可能會發現他們比我們懂得更多。但**謙遜的人將個人成長視為一個目標，而不是視為提升社會地位的手段**。如果只關注自己和自己在世界中的位置，我們將錯過很多可用的資訊。

另一個極端是「智識傲慢」——這是「過度自信」的邪惡雙胞胎。這種傲慢幾乎總是源於自我中心偏見（egocentric bias，或作自我中心偏誤），即傾向於高估自己的美德或重要性，忽視機遇或他人行為對自己生活的影響。這就是我們將成功歸因於自己，將失敗歸因於環境的原因。自我中心偏見是可以理解的，因為我們的個人經驗是我們最瞭解的。當這種經驗太少，以至於無法形成嚴肅的觀點時，就造成問題了，然而我們仍然這樣將就著。研究顯示，**人們很難注意到自己的盲點，即使他們很容易在他人身上發現盲點**。

從進化的角度來看，「智識傲慢」可以被視為透過將自己的觀點強加於他人，來實現統治地位的一種方式。而「智識謙遜」將智力資源用在討論和努力達成群體共識上。美國加州茁壯成長人類發展中心（Thrive Centre for Human Development）旨在幫助年輕人成長為成功的成年人，該中心正在資助一系列關於智識謙遜的重要研究。他們的假設是謙遜、好奇心和開放性，是實現充實生活的關鍵。他們的一篇論文提出一份衡量謙遜的量表，檢視了人們是一貫謙遜，還是取決於環境等問題。承認我們的觀點（以及他人的觀點）會因環境而異，這本身就是減少過度自信的重要一步。

在科學領域，**如果說需求是發明之母，那麼謙遜就是發明之父**。為了跟上不斷的創新，科學家必須願意放棄他們的理論，轉而支持新的、更準確的解釋。許多在職業生涯早期就取得重要研究成果的科學家，發現自己被自我所阻礙，無法取得新的突破。哲學家傑伊．伍德（W. Jay Wood）在其部落格中寫道，智識謙遜的科學家比缺乏這種美德的科學家，更有可能獲得知識和洞察力。他說，「智識謙遜改變了科學家自身，使他們能夠以更有效的方式，指導自己的能力和實踐。」

據報導，當愛因斯坦說「資訊不是知識」時，他就知道智識謙遜的重要性。Google 前人力資源主管拉茲洛．博克（Laszlo Bock）也同意這一觀點。在接受《紐約時報》採訪時，他說謙遜是他在候選人身上尋找的最重要的品質之一，但在成功人士身上很難找到，因為他們很少經歷失敗。他指出：「沒有謙遜，你就無法學習。」對於一家在使資訊看起來即時、無縫和便捷方面，做得比其他任何公司都多的公司來說，這或許有些諷刺意味。

也許謙遜是只有在你未意識到它的時候，才能擁有的東西。

第二篇

為什麼聰明人會犯愚蠢的錯？

為什麼聰明人會犯愚蠢的錯？

大腦如何繼續保護我們，免遭已經不存在的威脅？

閉上眼睛，想像從大爆炸至今的整個宇宙歷史，都發生在二十四小時之內。一切始於午夜，但直到下午三點四十三分，我們寶貴的太陽才升起。生命最初的跡象——細菌，出現在下午六點四十分。五小時後，昆蟲出現了。一顆小行星在午夜前六分鐘撞擊地球，摧毀了恐龍。猿猴直到午夜前三十一秒才從樹上下來，而我們智人誕生於午夜前不到一秒的時間。我們所知的所有人類歷史，都發生在那最後的三百分之一秒內。

在這個微小的時間跨度內，在宇宙的尺度上，我們發明了中世紀騎士冒險傳奇、原子彈、職業、民族主義（後兩項僅在大約一百五十年前）及奇妙的真人秀。我們日常關注的事情，只是進化中的一瞬間。這引出了一個問題：如果人類大腦在昆蟲和猴子身上度過的時間，比與其他人類在一起的時間更長，這不會影響我們應對現代挑戰的方式嗎？事實上，相對於緩慢的進化過程而言，近幾個世紀人類的發展速度太快了，我們大腦的各個部分，仍未適應現代生活的需求。

我們與其他物種的相似性，顯示出了我們的侷限：黑猩猩是最接近我們的物種，我們與黑猩猩共用九十八・七六％的基因組成。因此，當面臨挑戰時，我們很可能會使用與黑猩猩和其他低等物種共用的技能，且毫不自覺。和其他物種一樣，我們的大腦是臺複雜的機器，時刻警惕著威脅。在徒勞地尋找早已從世界上消失的生存威脅的過程中，人類大腦利用了其原始的識別模式的能力：生存取決於對威脅的早期發現，這是自然法則。

我們的大腦寧願付出九十九次錯誤警報的代價，也不願錯過一次真正的威脅。結果就是形成了一種明顯浪費的機制，它不「懲罰」假警報，也不為了潛在威脅而調動資源。相比之下，在金融投資中，對模式或趨勢的誤判，幾乎會立即受到懲罰。

近年來，人們非常關注和平共用大腦的兩個系統：情緒系統和思維系統。情緒系統是我們所感知到的「直覺」，它快速、自動的反應，是大腦的默認反應。情緒系統負責我們的生存，透過啟發式的使用或捷徑管理大量資訊——通常以犧牲合理的判斷為代價。但是當你的生命岌岌可危時，迅速做出決策至關重要。當我們用母語說話或說真話時，就是情緒系統在起作用。它讓我們更關注說話者語調的變化，而不是所說的內容。而思維系統會進行更複雜的評估，隨後確定或更改情緒系統所做的決策。然而，當思維系統受到干擾或反應過慢時（情緒系統的速度是其兩倍），我們會錯誤地認為自己是在理性地思考，而實際上是我們那極易產生偏見的情緒系統在做出反應。

情緒系統的主要缺陷是對機率視而不見。因此，我們允許隨機事件影響我們的思維方式。愛因斯坦認為，「巧合是上帝保持匿名的方式。」同樣地，諾貝爾物理學獎得主沃夫岡・包立（Wolfgang Pauli）認為，「巧合是無形原理的可見痕跡。」當我和妻子在倫敦巧遇一位她失散多年的兒時玩伴時，我們需要努力地提醒自己，在一座千萬人口的城市裡，機率百萬分之一的事件，每天會發生十次。談到巧合，我們傾向於拒絕統計資料，屈服於為生活賦予表面意義這樣的誘惑——這為我們帶來一種控制感。忽略純粹的隨機性在我們生活中的作用，使我們將成功歸因於天賦卓絕，將失敗歸因於壞運氣。

承認「均值回歸」這樣的統計真理要無聊得多：在這種現象中，一個變數如果在第一次測量時得到極端值，那麼在第二次測量時就會趨於平均值。十九世紀末，法蘭西斯・高爾頓（Francis Galton）首次注意到這個趨勢，當時他觀察到父母的極端特徵（如身高），並不會

完全遺傳給後代。父母高大的子女往往高䠷，但不及父母高；父母矮小的子女會比大多數人矮，但可能高於父母。流行雜誌《運動畫刊》（*Sports Illustrated*）曾經遇到一個難題，頂級運動員拒絕登上該雜誌的封面，因為有傳言稱，這會讓他們在接下來的幾週內表現不佳或受傷。該雜誌的編輯調查了這項傳聞，結果令他們大失所望，因為傳聞是真的：在他們調查的兩千四百五十六期雜誌中的九百一十三期，運動員在登上雜誌封面後，成績下滑。均值回歸完美地解釋了這一點：運動員在取得優異成績後，會登上頭版頭條。在此之後，除非技術飛躍，能立即提高成績，否則他們將自然而然地回歸到平均成績，而這樣的成績並不會成為頭條新聞。

媒體喜歡不尋常的故事，很少跟進枯燥乏味的均值回歸情況。正如丹尼爾·康納曼在他的諾貝爾獎獲獎感言中所說，我們聽到、看到的，只是某個極度令人難過的週末的道路傷亡人數、足球的最高或最低進球紀錄，或者美國空軍學院裡飛行員的表現。如果你不瞭解均值回歸，傾向於尋找意義和模式，你一定會對單個不尋常事件，給予過高的重視。

毫無疑問，大自然為我們提供了大量誘人的隨機模式。透過大量的樣本，我們可以發現任何想要的模式：我們的大腦會自動把這些點連接起來。在一個繁星點點的夜晚，抬頭仰望天空，你可以看到你想要的任何東西——一頭獅子、一隻蠍子或一把勺子，凡是你能想到的。英國數學家和哲學家弗蘭克·拉姆齊（Frank Ramsey）將其短暫的一生致力於研究混沌。他發現，即使在相對較少的樣本中，也可以發現一定的秩序。根據拉姆齊定理，如果我們以任意順序重新排列前一百零一個數字，我們總能找到十一個數字按順序遞增或遞減的方式排列（但不一定是連續的）。

你能看出這將產生錯誤的決策嗎？一方面，我們大腦的原始部分，會透過尋找模式來發現威脅；另一方面，大自然（和人類）會不斷地創造隨機模式。兩者的結合，產生了眾所周知的人性弱點：過度自信。八十％的人，相信自己在駕駛、戀愛和為人父母方面，比普通人做得更好，而且會比同學們更長壽。七十％的律師，相信他們的辯護證據比對手的更確鑿。鑑於十九％的美國人相信自己是最富有的那百分之一，過度自信，勢必會提高他們在所有面試或派對上的吸引力。

過度自信源於我們的祖先為了欺騙他人——更重要的是，為了欺騙自己——而獲得的技能。想在正式分享獵物之前竊取一些戰利品，你必須知道如何欺騙他人。如今，我們使用欺騙，主要是為了提升自己的社會地位。然而，令人惱火的是，我們的大腦不喜歡我們撒謊，並透過改變生理反應、措詞，以及其他各種暗示性跡象，來洩露我們的底牌。為了成功欺騙他人，我們首先必須欺騙自己的大腦。如果沒有培養一些強大的壓抑機制，我們很難應對生活拋給我們的失敗。而通往過度自信之路正由此開始。

如今的**資訊超載，培養了過度自信**：我們認為自己可以高效地處理從四面八方湧來的無窮資訊，並且總是能夠區分良莠。然而，不幸的是，這種想法是錯誤的。在一項著名的實驗中，心理學家保羅．斯洛維奇（Paul Slovic）考察了資訊水準與過度自信之間的關係。他詢問了八位賽馬莊家，他們認為是哪些因素決定一匹馬贏得比賽的機率。他們總共列出了八十八個變數，包括馬匹的歷史表現、賽馬場的品質和騎師的體重等。接下來，斯洛維奇根據他們所列變數的重要性順序，為他們提供了過去四十場比賽的資料。資料分四個階段呈現：首先是給出五個變數的資料，然後給出十個，接著是二十個，最後是所有的四十個因素的資料。在每個階段，研究人員都會問莊家們，他們認為哪五匹馬贏得了比賽，以及他們對答案的確信程度如何。他發現，無論莊家們掌握了多少資訊，他們選擇的準確性都保持不變。然而，隨著資訊的增加，莊家們對答案的信心急劇提高。何須以賽馬場為例呢？在Google搜尋引擎中，你輸入的單詞愈少，搜尋效果就愈好。

過度自信會導致我們做出錯誤的決定，因為它讓我們即使在不該行動時，也採取行動。

所有投資者都知道，過度行動對企業來說是可怕的，而一項特別有獨創性的研究發現，在十二碼罰球時，守門員站著不動比跳向球門一側的效果更好。過度自信還會使我們否認純粹的運氣，給我們一種虛假的控制感，導致我們低估他人的反應，這些都是導致糟糕決策的典型錯誤。那些不斷獲得決策回饋的人，如氣象學家，不太容易過度自信。此外，憂鬱顯然可以防止你過度自信，也可以讓你比那個令人討厭的快樂同事更能把握好現實。

我們基於三類資訊做出決策：**我們曉得自己知道的、我們曉得自己不知道的，以及我們不曉得自己不知道的**。最後一類資訊受到過度自信的影響——我們愈是承認自己不知道的事情，做出的決策就愈好。但是必須患上憂鬱症才能做到這一點嗎？正如先前提到的，一個較新的心理學分支提供了更樂觀的選擇，即「智識謙遜」（請參閱〈謙遜一點，能走更長的路〉）。

二〇一四年，彼得・薩謬森（Peter Samuelson）和伊恩・徹奇（Ian Church）這兩位智識謙遜的主要研究者發表了一篇文章，標題是〈已知的未知——如何不再擔心不確定性，並熱愛智識謙遜〉（Known Unknowns or: How we learned to stop worrying about uncertainty and love intellectual humility）。他們強調，對政策制定者和其他人而言，承認有些資訊是未知的，這一點至關重要。他們將智識謙遜定義為：「**一個信念值得你用多大的堅定持有它，就以多大的堅定去持有它**。有些信念，如『2+2=4』，應該堅定不移地相信；否則，對2+2是否等於4存在嚴重且持久的懷疑，就是智識上的不自信或自我貶低。而有些信念，如有多少位天使能在針尖上起

舞，不值得多麼堅定地相信；否則，假如堅信恰好有五位天使能在針尖上起舞，那就是智識上的傲慢。」

然而，基本的問題仍然沒有解決：一個人能意識到自己在智識上謙遜嗎？如果你宣稱自己在智識上是謙遜的，這難道不是一種傲慢嗎？犯罪小說作家海倫・尼爾森（Helen Nielsen）給出了一個答案：

「謙遜就像內衣，必不可少，但如果外露就不得體了。」

向外語老師道謝

為什麼用外語引入問題，可以克服主要的認知偏見？

我們生活在這樣一個時代：遠古時期的生存挑戰已被新的挑戰所取代，而這些挑戰的形式是，必須在選擇之間做出抉擇，無論在消費、投資還是職業方面。雖然我們的情緒系統全面配備了一系列過時的本能，專注於降低風險和即時回報（在食物耗盡之前），但正如前文所述，它的主要缺點是，它對機率和複雜的計算視而不見，而這些機率和計算，是滿足現代世界需求所必需的。我們大部分誤判的根源在於，**我們相信自己的理性系統在運作，而實際上，我們是在回應專橫、敏捷的情緒系統。這種現象被統稱為「認知偏見」**（cognitive bias，或作認知偏誤），迄今為止，研究者已經確定了數十種認知偏見。該領域的主要研究者是阿莫斯・特沃斯基（Amos Tversky）和丹尼爾．康納曼。後者於二〇一一年出版的《快思慢想》一書，給我們帶來深入探討決策方式的奇妙旅程，也描繪了一幅悲傷的畫卷，即我們的大腦如何屈服於情緒系統的支配，做出錯誤的決定。

兩種比較著名的認知偏見，屬於康納曼和特沃斯基在二十世紀七〇年代末提出的前景理論，即「呈現偏見」（presentation bias）和「風險規避」（risk aversion）。**呈現偏見是指，我們傾向於偏愛一種可能性，而不是另一種具有相同期望值的可能性**，僅僅因為它們的呈現方式不同。例如，如果你身邊的人生病了，需要動手術，你會更傾向於死亡率三十%的手術，還是成功率七十%的手術？而**風險規避則反映了失敗的痛苦和成功的愉悅之間的不對稱性**。事實證明，大多數人都願意放棄可能的盈利機會，只是為了避免由損失帶來的痛苦。實際上，正如康納曼和特沃斯基在一九七九年的一項重要實驗中所發現的，潛在收益必須是可能損失的兩倍或更多，才能抵消人們的風險規避心理。

如果情緒系統確實是造成我們許多決策偏見的原因，那麼可以得知，在使用外語的同時做出決策，是否會在一個甚至不知有外語存在的頭腦中，為決策迴路創造一條原始的旁路，這條旁路可以設法中和過程裡的情感成分。由美國芝加哥大學的柏茲．克薩爾（Boaz Keysar）領導的研究團隊就這個問題展開了探索，試圖查明用外語思考，是否真的能減少可能影響決策的認知偏見。研究人員從早期的研究中獲得了鼓舞，這些研究顯示，**人們對用外語說的禁忌詞、責罵，甚至愛的話語的反應，不及對母語的反應強烈**；換句話說，啟動大腦中處理外語的部分，會減少情緒系統的影響，進而有望讓更理性的決策系統占上風。

研究人員在三大洲開展了六項研究，參與者涉及六百多名說五種不同母語的人。在第一項系列實驗中，研究人員向參與者展示了由康納曼和特沃斯基在模擬呈現偏見時，開發的「亞洲流感」問題。研究人員向參與者描述了這樣一個假想情景：美國正在為一次流感爆發做準備。面對即將到來的流感，參與者被要求在兩種行動方案之間做選擇：一種方案相對安全，可以確保三分之一患者的生存；另一種方案似乎風險更大，可能會拯救所有人的生命，但如果失敗，三分之二的患者就會死亡。儘管從統計效用的角度來看，這兩種選擇是相同的（只是成本／回報率不同），但事實證明，當結果以積極方式（患者倖存）呈現時，人們明確偏好更安全的選項，但在試圖避免以消極方式呈現的結果（患者死亡）時，人們傾向於冒險一搏。然而，當克薩爾及其同事用外語向參與者提出這個問題時，他們能更好地應對呈現偏見的影響，成功地發現這兩種方案的相似之處。

為了測試語言對另一種認知偏見——風險規避——的影響，研究人員分發給每位參與者十五張一美元的鈔票，每輪他們都要拿出一美元下注（參與者總共有十五輪下注機會）。在每一

輪中，參與者可以決定要保留這一美元，還是將其押注在拋硬幣上，如果贏了，參與者就可以額外贏得一點五美元，但如果輸了，就會失去下注的一美元。當測試引導語用參與者的母語呈現時，他們更容易受到風險規避（對損失的恐懼）的影響，哪怕有正面預期價值，也只有五十四%的人決定下注。而當測試引導語用參與者習得的語言進行時，有七十一%的人會下注。研究人員得出結論，用外語做決策，會降低過程中的情緒反應，從而減少決策時出現偏誤的可能性。

如果情況確實如此，那麼我們投資計畫的管理者，是不是應該用外語向我們提案呢？當然，前提是他們自己在進行投資時也使用外語。

囚犯的困境

法官也是人——食物與思維。

「法官的裁決，取決於他早餐吃了什麼。」最近，這種冷嘲熱諷的說法得到了科學證實。以色列本-古里安大學的史艾·丹齊格（Shai Danziger）和利奧拉·艾弗南-佩佐（Liora Avnaim-Pesso），以及美國哥倫比亞商學院的喬納森·拉維夫（Jonathan Levav）於二〇一〇年發表的一項研究顯示，法官的飲食，尤其是用餐時間，與他們准許提前釋放表現良好的囚犯之間存在關聯。

這項研究調查了兩個假釋委員會的八名法官，在十個月內審議的一千一百一十二起案件。結果顯示，案件審議在一天中的時間點，與囚犯獲得假釋的機會間，存在高度相關性。囚犯犯罪的嚴重程度、國籍或性別，都不能決定判決結果，最關鍵的因素是，法官名冊上案件的順序。那些一早被提交給假釋委員會的案件，涉及的囚犯有三分之二的機會，獲得他們渴望已久的假釋。在早餐或午餐時間前，這個機率幾乎降為零，但隨後會恢復，並隨著時間的流逝再次減少。研究人員對這個現象做出了解釋：一系列決定需要心理資源，而這些資源會隨著使用而逐漸耗盡。在這種情況下，決策者傾向於選擇節省這些資源的預設選項。在當前案件中，拒絕假釋或重新安排聽證（這兩種決策平均需要的時間，分別為五分鐘和七分鐘），比批准假釋涉及的錯誤風險更低，決策速度更快。休息和進食會恢復心理資源，進而增加批准假釋決策的比例。我們在這裡討論的，並不是法院書記官對案件進行初步準備，以確保先討論簡單的案件（案件的順序是由囚犯律師的到場順序決定的），而是一個愈來愈受到研究人員關注的現象，即**「決策疲勞」（decision fatigue）。我們被要求進行決策的時間愈長，疲憊的大腦就愈會尋找捷徑。**其中一種方法是放棄評估決策的可能後果（這會導致不負責任的行為），而更常見的方法是不採取任何行動——選擇最終的預設選項。

《紐約時報》的科普作家約翰．堤爾尼進一步調查了這個現象。二〇一一年，在堤爾尼與羅伊．鮑梅斯特合著的《增強你的意志力——教你實現目標、抗拒誘惑的成功心理學》一書出版之前，堤爾尼在《紐約時報》上發表的一篇文章中聲稱，決策疲勞對我們每個人都產生了嚴重的影響。在決策疲勞時，我們往往會對同事和親人發脾氣，購買速食和垃圾食品，而且難以拒絕保險代理人為某些奇異風險投保的提議。

確實，**長時間使用「意志力肌肉」的人，會削弱自己繼續使用它的能力**。在實驗中，那些克制自己不吃糖果的參與者，後來都比朋友更容易屈服於其他誘惑。在一項實驗中，參與者被要求讓思緒自由馳騁而不去想白熊，那些遵照指示努力克制的參與者，後來在購物時，很難限制自己只購買限定範圍內的產品。那些成功自我約束、放棄早餐的參與者，後來在冰淇淋品嚐活動中，吃得比吃了早餐的同事多得多。

然而，大多數關於意志力的研究，迄今為止更多在關注自我克制和自我約束的結果，而較少關注一系列決策所產生的認知負擔。在這些決策中，我們必須在兩種誘惑或兩種不同的行動方案之間做出選擇。事實證明，這樣的選擇，比抵制誘惑或延遲滿足更加耗費精力，因為一旦心理資源耗盡，我們在各種選擇之間進行權衡的能力，就會大大降低。權衡是人類獨有的過程（自然界並未給捕食者和獵物之間的關係留出太多空間），發生在大腦前部區域，從進化的角度來看，這些區域發育相對較晚。**在有壓力的狀態下，最近的「進化習得」功能是最先消失的，隨著自我約束能力的下降，權衡的能力會立即減弱**。例如，當我們瘋狂購物時，在選擇各種產品的過程中，比較價格和品質會消耗我們的心理資源，使我們容易受到擅長把握時機推銷

的銷售人員的影響。

堤爾尼在他的專欄中，引用了喬納森・拉維夫對新車買家進行的一項研究。買家被要求從五十六種車身顏色、四種變速旋鈕、十三種車輪輪圈，以及二十五種發動機和變速箱配置中，選擇適合自己的組合。他們很快就敗給了決策疲勞，選擇了預設選項，或者接受了禮貌但有偏好的銷售人員的推薦。銷售人員先是提供了特別令人疲勞的選擇（如選擇車身顏色），加速了疲憊的買家決策能力的消失。在實驗中，「新」買家與疲勞的買家所選選項之間的平均價格，差異達到了兩千美元。堤爾尼認為，窮人的命運在這裡也是不幸的。一些並不需要片刻思考的決策，對沒有足夠財力的人來說，卻意味著痛苦的搖擺不定。在這種情況下，窮人很快就會陷入決策疲勞，進而踏上心理捷徑，如因抵抗能力下降，以極高的利率貸款。

決策疲勞也是超市經常把糖果放在收銀臺附近的主要原因。一旦購物者在一系列漫長的購物決策中耗盡意志力，他們為了恢復體力，通常不太能抵禦大量碳水化合物的誘惑，就像法官用餐後一樣。碳水化合物增強意志力的作用，也是節食減肥者陷入困境的關鍵所在：為了控制飲食，他們需要意志力，但為了增強意志力，他們必須攝入碳水化合物含量高的食物。碳水化合物在增強意志力方面，發揮著重要作用，而疾病期間意志力減弱的主要原因是，人體的血糖濃度下降。下次你想帶病上班時，最好記住一項研究發現，即在患普通感冒和輕度流感的狀態下開車，比在輕度醉酒狀態下開車（會被吊銷駕照的那種）更危險。如果像開車這樣簡單的任務都成為問題，那麼在工作中處理複雜的任務就更加困難了。血糖濃度的急劇下降，也發生在生理期期間，研究人員指出，這可以解釋女性在這種時候意志力減弱，且難以抵制誘惑的原因。

如前所述，**能夠以最佳方式應對決策疲勞的人，是那些能夠以節約意志力資源的方式，安排日程的人**。就像飛行員在起飛和降落時，依賴事先準備好的檢查清單一樣，他們養成了一種習慣，為了減少日常生活中必須做出的決策數量。我還聽說有商人避免在下午四點後做重要的財務決策，因為他們意識到在一天中的這個時間段，無論是熟練的銷售人員，還是經驗豐富的談判者，都更容易受到交易另一方論點的影響。

如果我不為自己

論強大的自我中心偏見。

在下週五晚上與朋友聚會時，你可以玩一個有趣的室內遊戲。請已婚的朋友估算一下自己對家庭開支的相對貢獻，並在紙上寫下百分比。將紙條收集起來，然後向每個人展示平均結果。你其實可以一開始就告訴他們結果：平均而言，在場的每個人，都估算自己貢獻了六十％～七十％。

大多數人傾向於高估自己的貢獻。**當我們被要求評估自己在合作夥伴關係、所在的組織或團隊的成就中所做的貢獻時，我們傾向於高估自己。行為科學家將這種現象稱為「自我中心偏**

見」，這種偏見非常強大，以至於即使是研究人員在聲稱自己對研究的貢獻大於合作者時，也不免受其影響。在一項非常有趣的研究中，科學論文的作者們（論文通常由幾名研究人員共同撰寫，在本研究中有四名）被要求評估自己及他人對共同發表的研究所做的貢獻。如果將研究人員在撰寫論文時，歸因於自己的貢獻率相加，結果會是一百四十％。這種估計偏誤，也經常會導致對論文作者排名的爭執，根據學術規範，排名反映了他們在研究中的相對貢獻。同時，不要被團隊比賽中，最有價值球員（ＭＶＰ）自以為是的聲明所欺騙。任何看過體育比賽節目的人都知道，比賽結束後，當明星球員接受採訪時，他會大方地說：「這是整個團隊的功勞，每個人都盡了自己最大的努力。」不過，只有在體育記者們將他封為比賽英雄後，他才能如此平靜地說出這番話。

自我中心偏見也是衝突難以解決的原因。就像在科學論文上署名一樣，不同人評估其在家庭、事業，或國家爭端中的正義性時，會針對不同的事實。我們專注於自己的貢獻和對資料的解釋，卻忽視了他人的貢獻或解釋，哪怕他們與我們關係密切。這種偏見，會導致我們先以符合我們自身需求的方式評估資料：我們事先決定自己偏好的結果，然後試圖透過扭曲公平的標準，來證明我們的主觀偏好是公平的。換句話說，**在爭端中，「從自己既得利益的立場出發」來審視情況的傾向，影響了雙方對公平妥協本質的認識。**

訴諸法庭的糾紛，是另一個很好的例子。即使原告和被告掌握完全相同的資訊，雙方也會以不同的方式，在他們的頭腦中處理這些資訊，以支持自己的立場。被告對支持其利益的細節記得更清楚，對支持原告立場的細節幾乎沒有記憶，反之亦然。因此，面臨審判或仲裁的人經常會高估自己獲勝的機會，就不難理解了。一項研究發現，在審判前被問及案件勝訴率的律師中，有七十%認為自己比對方更占優勢。其中一個原因是，他們傾向於採納案件中支持己方立場的細節，忽視不支持己方立場的細節（過度自信是另一個原因）。

美國哈佛商學院的麥斯・貝澤曼（Max Bazerman）和聖母大學的安・坦柏倫塞（Ann Tenbrunsel）在二〇一一年出版的《盲點——哈佛、華頓商學院課程選讀，為什麼傳統決策會失敗，而我們可以怎麼做？》一書中，調查了限制我們的判斷力，進而影響我們道德行為的各種原因。自我中心偏見在書中占據了重要位置。兩位作者記錄了一項實驗，在該實驗中，研究人員向參與者（談判課上的學生）提供了一起汽車與摩托車相撞的訴訟案件的所有資訊。學生被分成兩人一組，一方代表原告，另一方代表被告。每組學生都被要求透過達成和解來解決訴訟。他們被告知，如果未能達成和解，當事人的處境會更加糟糕。此外，他們還被告知，若陷入僵局，賠償金額將由一位中立人士決定，該人士已經根據學生所掌握的相同資料，做出了最終決定。在開始談判前，學生被要求在完全保密的情況下，和研究人員分享他們對法官判決的評估。研究人員發現，代表原告的學生所估計的法官判決的賠償金額，是代表被告的學生所估計的兩倍以上。但更有趣的發現是，在實驗中，雙方的估算差距，是解決訴訟能力一項很好的預測指標。原告方和被告方的估算差距愈小，透過達成和解來解決訴訟的機會就愈大。

自我中心偏見的終極成因是資訊的模糊，因為當資訊明確時，我們放任自己貪婪操縱思維的舉動（這自然符合我們的利益）會受到限制。同樣地，在空氣汙染、捕魚權和農產品補貼等國際爭端中，各國難以達成適當的國際協定，有時也源於這種偏見。在大部分情況下，各方往往根據自身的需求，對何為公平的解決方案採取不同的標準。令人沮喪的是，他們並沒有意識到，會陷入這種境地，正是因為自我中心偏見；他們非常確信自己的解釋與資訊完全吻合。自我中心偏見的影響如此之大，以至於即使是熟悉這個現象的人，也能夠很容易地看出他人的自我中心偏見，卻無法看到自己的這種偏見；這是自我中心解釋的又一例證——這次是展示了自我中心偏見本身。

想減少這種偏見造成的不良影響，行之有效的方法是試著設身處地為對方著想，思考對方的內心所想。他們傾向於關注哪些資訊？我們面前的資訊，難道不也支持他們的某些立場嗎？他們是否一定能理解我們的觀點？**我們必須明白，通常對立的一方也同樣是正確的，只是他們對資訊的解釋有所不同**，就像我們一樣。

承認我們的無知

為什麼無能的人，意識不到自己的無能？

如果你想知道，為什麼那些沒有幽默感的人還在講一些不好笑的笑話；為什麼當日交易者，繼續在每日貨幣市場上「賭博」（和輸錢）；為什麼那些沒有一絲政治頭腦的人，決心展開一場毫無希望的選戰，答案可能已經在風中飄揚。

大衛．鄧寧（David Dunning）和賈斯汀．克魯格（Justin Kruger）於一九九九年，在美國康乃爾大學任職時發表的一項研究，近年來在網路上重新引起關注。這項研究或許可以解釋，**為什麼無能的人，意識不到自己的無能**。該研究還闡明了我們在評估自己所不知道的事物時，面臨的根本困難。**這種認知偏見被稱為「鄧寧－克魯格效應」**（Dunning-Kruger effect，即達克效應），它隱藏了一項複雜的邏輯回路，需要花點時間才能理解：**在某些領域能力有限的人，之所以錯誤地評估自己的能力，正與使他們的能力受限的原因相同**。換句話說，用於發揮能力的技能，也是用於評估能力的技能，無論是評價自己還是評價他人。因此，我們之中的無能者肩負著雙重負擔：他們不僅在某個領域的決策和選擇是錯誤的，而在該領域的無能，也使他們無法注意到這一點。

鄧寧和克魯格進行四項研究，涵蓋了該現象的各個方面。在前兩項研究中，研究人員在三個領域進行了一系列測驗：邏輯推理、幽默（要求參與者對笑話進行評分，並與專業喜劇演員的評分進行比較）和語法。當參與者被要求評估自己的表現時，結果顯示，參與者在測驗中得分愈低，他們就愈傾向於高估自己的表現。也就是說，實際表現與感知表現之間的差距，與測驗得分成反比。

例如，在邏輯推理測驗中位居第十二個百分位的參與者，估計他們的測驗分數高於平均水準，並將自己的位置，排在所有參與者中第六十二個百分位。在英語語法和幽默測驗中得分較低的人，也存在類似的評估錯誤。

非常有能力的人，則傾向於低估自己的能力（儘管程度較輕）。研究人員將此歸因於以下事

實：在缺乏關於他人表現的資訊的情況下，有能力的人預估會有其他人的分數與自己相似，因此他們認為他人所具有的能力，往往高於其實際擁有的能力。

在第三項研究中，研究人員試圖追蹤參與者在看到其他人給出的答案後，提高自我評估的能力。研究人員將研究中的幾位參與者的答案，提供給了其他五位參與者，並要求他們評估被調查者的水準。隨後研究人員又要求他們回過頭重新評估自己的表現。無能的人很難評估他人的水準，也無法提高評估自己表現的能力（有幾個人甚至將自己的自我評估修正得更高）。而有能力的人一旦看到他人的答案，就迅速修正了對自己能力的評價。對這項研究的結果，哲學家伯特蘭．羅素並不感到意外，他很久以前就認為，**愚人永遠無法準確解讀聰明人的話語，因為愚人會無意識地將自己聽到的內容，轉化為自己能夠理解的內容。**

鳥腦袋

有時，鳥比人聰明。

如果你認為「鳥腦袋」（birdbrained）是用來形容「理解能力僅限在泥土中尋找種子」的人，那就再想想吧。一項關於靈活思維的研究，令人瞠目結舌，該研究讓有翼生物與人類進行競爭，結果以人類慘敗告終。

這場比賽圍繞著解決「蒙提霍爾問題」（Monty Hall Dilemma）而進行。這是一道數學謎題，永不停息地提供我們對自己的侷限性的瞭解，就像一壺二十多年來尚未耗盡的油。而且，與其說這是個難以解答的問題，不如說這是人們難以接受答案的問題，即使解題方法來自權威，來源可靠。

蒙提霍爾問題，我在以前的書中提過，是在二十世紀九〇年代早期，蒙提．霍爾（Monty Hall）主持的電視節目《做個交易吧》（Let's Make a Deal）上想出來的。下面再簡單介紹一下這個問題：

節目的選手被要求在三扇門中選擇一扇。其中一扇門後面是一輛新車，而另外兩扇門後面，則是看起來陰鬱的山羊。想像一下，你是節目的選手，經過深思熟慮後，你指向你選擇的那扇門，希望能贏得汽車。主持人知道汽車在哪裡藏著，他打開另外兩扇門中的一扇，露出了門後的山羊。現在，他給你一個機會，改變你最初的選擇，選擇他沒有打開的另一扇門。自然而然地，你會問自己，主持人的行動，是否有一絲可能改變你所選擇的門後面有汽車的機率（在主持人行動之前，是三分之一的機率）。如果答案是否定的，那麼為什麼要改變自己的選擇，承受那種「在機場安檢時更換隊伍，結果因發現原先的隊伍移動得更快而後悔」的痛苦呢？

大多數選手往往不會改變自己的選擇，他們做出這個決定的原因是，無論如何只剩下兩扇門，而汽車可能在這兩扇門後面的機率是相等的，所以為什麼要改變選擇呢？實際上，你最初選擇的那扇門，後面出現汽車的機率並沒有改變；但你最好利用主持人的提議，選擇另一扇門，也就是主持人沒有打開的那扇門，因為汽車在那扇門後的機率增加到了三分之二。

謎題的關鍵在於主持人知道哪扇門後藏有汽車，他永遠不會打開那扇門。因此，如果你最初選擇的是一扇藏有山羊的門（三分之二的可能性），你應該利用主持人的提議，改變選擇。如果你選擇的是藏有汽車的門（三分之一的可能性），改變策略將使你失去汽車。簡而言之，若你多次面對這個問題，並且每次都改變選擇，那麼在三分之二的情況下，這種改變將會有所回報，在三分之一的情況下則不會。因此，**接受主持人的提議並改變你的選擇，是正確的決策**。

任何人只要看到讀者寫給刊登此方案的報紙編輯的信，就會理解改變一個人的觀點有多困難，以及隨之而來的挫敗感。事實上，無論在哪裡提出這個問題，它都能暴露回答者難以看出另一扇門所體現的機率，證明了改變選擇是合理的。其中有些人會錯誤地估算機率相等，因此認為不值得改變選擇。最糟糕的是，即使向他們解釋了答案，他們仍然會堅持自己的觀點，拒絕接受解釋如何解決這個難題的資訊。

沃爾特・赫布蘭森（Walter Herbranson）和朱麗亞・施羅德（Julia Schroeder）是來自美國華盛頓州惠特曼學院的研究人員，他們想知道換門選擇困難是人類獨有的，還是其他物種也存在的。為此，他們進行一項實驗，測試了六隻野鴿。這些鴿子參加了鳥類版本的遊戲，該遊戲符合牠們的體型，尤其是鴿喙的大小。每隻鴿子面前有三個發光的圓圈，牠們可以透過啄食圓

圈，釋放穀物混合物。在第一次啄食嘗試後，所有的圓圈都會變暗，一秒後，只有兩個圓圈會再次亮起，其中包括鴿子第一次啄食的那個。電腦負責扮演原電視節目的主持人角色，從這兩個亮起的圓圈中，選擇一個來隱藏穀物。研究人員想知道，如果重複進行實驗，讓第二次改變啄食選擇的鴿子獲得獎勵，是否會讓牠們一致放棄自己的初始選擇。電腦保證在三分之二的情況下，改變初始選擇，會讓鴿子得到牠們渴望的食物，就像上文著名的謎題一樣。

在試驗的第一天，鴿子只在略多於三分之一（三十六％）的情況下，改變了牠們的選擇。但在接下來的三十天裡，研究人員每天重複進行實驗，所有的鴿子幾乎每次都改變了自己的選擇（九十六％），贏得幾乎所有可能贏得的食物。牠們只是學到了一點，那就是改變選擇，可以提高獲取食物的機率，因此牠們幾乎每次都會改變自己的選擇。

接下來，赫布蘭森和施羅德請了十三名學生來扮演鴿子的角色，參與一個與之前的實驗相同的遊戲。研究人員在其對參與者的解釋中沒有提到這一點，參與者要獲得的是分數，而不是穀物，而且得分愈多愈好。每名學生有兩百次機會，來評估按哪個圓圈可以獲得積分。在實驗的初期，堅持初始選擇的人數與改變選擇的人數比例相同。一個月結束時，學生多次重複了選擇過程，並多次體驗了他們決策的結果，但只有三分之二的人改變了自己的選擇。

人類為何在鴿子成功的地方失敗了？蒙提霍爾問題中，有兩種方式可以找到獲勝的策略。

一種是基於分析的方法，即計算每個決策（是否堅持初始選擇或改變選擇）成功的機率。另一種是根據重複經驗，形成策略。研究人員認為，人類更傾向於第一種方式，但往往難以計算機率，特別是在條件機率的情況下（如果這個事件已經發生過，那麼它再次發生的機率是多少）。因此，人們在計算中容易被繞進去。相反地，鴿子的決策是基於經驗的。若牠們在實驗過程中，發現在三分之二的情況下，改變選擇是正確的，那麼牠們將始終改變選擇。與鴿子相反，人類容易受到一種被稱為「機率匹配」（probability matching）的偏見影響，如果他們發現在三分之二的情況下，改變選擇是值得的，那麼他們可能只會在三分之二的情況下這樣做（而不是遵循正確的做法——每次都改變選擇）。

這項研究的一個有趣的推論是，參與者的年齡與他們處理這個問題的能力之間存在關聯。結果顯示，年齡愈小，參與者的表現愈好，八年級學生的得分比大學生要高。難道接受教育的代價，就是讓我們有了偏見，並阻礙我們解決某種邏輯問題？當然，赫布蘭森在文章中堅稱，即使是著名的數學家保羅・艾狄胥（Paul Erdős）也拒絕接受同事們基於經典機率對蒙提霍爾問題的恰當解決方案的解釋。直到他看到一項簡單的蒙特卡羅電腦模擬，清楚地證明了改變選擇是更好的策略後，他最終才被說服。在能夠像鴿子一樣使用經驗機率處理問題之前，他無法接受最佳解。

我看見猴子在演奏莫札特的樂曲

論都市傳說的起源。

「真相還在穿鞋，謊言早已繞地球半圈。」——馬克．吐溫（Mark Twain）

多年前，在美國芝加哥大學進行的一項實驗中，有五隻猴子被放置在一個籠子裡。籠子中央懸掛著一根香蕉，而在香蕉下方，研究人員放置了一把梯子。沒過多久，一隻猴子開始朝著香蕉的方向爬去。就在牠的腳碰到梯子第一個臺階的瞬間，籠子裡的其他猴子都被噴了冷水。過了一會，另一隻猴子也嘗試著爬梯子，研究人員再次對牠的同伴噴灑冷水，同樣的情況又發生了幾次。水管最終被移出籠子，但每當有猴子朝梯子爬去，其他猴子就會阻止牠這樣做，有時甚至會毫無節制地使用暴力。此時，研究人員將一隻猴子從籠子裡取出，換上另一隻猴子。新猴子立即看到了香蕉，並試圖抓取它，但一旦牠踏上梯子一步，其他猴子就會攻擊牠，阻止牠繼續前進。又經過一次嘗試後，這隻猴子也明白了，如果牠珍視自己的「人身安全」，最好放棄香蕉。接下來，研究人員又換了一隻新猴子，過程又重複了一遍——新猴子在嘗試抓取香蕉時，剛剛加入群體的猴子，也參與了對牠的攻擊，甚至表現出了一種明顯的熱情，這種熱情通常是那些剛剛皈依宗教信仰的人，或者一心想在剛加入的作戰部隊中，給老兵們留下深刻印象的年輕戰士所表現出的。然後，研究人員又換了第三隻新猴子。新來的猴子爬向梯子，其他猴子都立即對牠進行了殘酷的懲罰。其中兩隻猴子，也就是之前換進來的那兩隻，根本不知道其他猴子為什麼阻止牠們爬上梯子，更不知道自己為什麼要參與攻擊新猴子。

在一開始被放置在籠內的第四隻和第五隻猴子被替換出來後，籠內剩下的猴子，都沒有親身經歷過被冷水噴淋。然而，沒有一隻猴子試圖爬上梯子去取香蕉。

這個有趣的故事，是我不久前從一個滑雪教練那裡聽來的。他試圖說服我，就像那些猴子一樣，我也養成了一些有害的滑雪習慣，而我從未費心去探究它們的起源。在那一刻，我應該有所頓悟，並採用一種適應現代設備的新滑雪技術，從我多年前開始滑雪以來，這些設備變得

愈來愈複雜。當我在網路上搜尋這個故事的研究起源，這個故事及其教育意義很快浮出水面。有的版本用梯子，有的版本用樓梯，有的版本裡則是四隻猴子。在一個版本中，猴子開口說話了，挨打的猴子問其他猴子：「但是為什麼呢？」其他猴子齊聲回答：「因為我們這裡一直都是這樣做的。」

上述研究的主要問題在於，它從未真正發生過。實際上，一九六七年，一位加拿大研究人員曾對恆河猴的行為進行過研究。他假設，將一隻天真的猴子放入一個籠子，籠內裝有其他已經適應了某些條件反射的猴子，這隻猴子可能會接納這種條件反射，僅此而已。歡迎來到逐漸演變成都市傳說的研究部門。我不止一次地向我的讀者講述過這個故事，但都市傳說正是這樣形成的——一遍又一遍地重複和述說。然而，這就引出了一個問題：**當許多更重要的資訊，甚至無法跨過我們的意識門檻時，是什麼讓一個都市傳說如此吸引人呢？**

都市傳說經常蘊含著道德寓意，就像籠中猴子的故事一樣。它們首先是故事——有背景、有主角、有情節和高潮，還有揭開敘事迷霧的點睛之筆。它們幫助人們自娛自樂，向他人灌輸社會價值觀和規範，其中有些還反映了許多人共有的恐懼和擔憂。**都市傳說之所以深入人心，是因為它們在我們所有人都關注的文化或經濟背景下，提供了具有啟發性的社會見解。**雖然我們很難追溯這些傳說的源頭，而且有些都市傳說的起源是深植於過去的，但是像猴子故事這種據稱起源於科學研究的都市傳說，與其他傳說相比有一個獨特的優勢：我們可以追蹤它們的演變，因為它們的源頭是明確且已知的。

西方一個著名的都市傳說聲稱，聽古典音樂，尤其是莫札特的作品，可以提高嬰兒的智力。這觀點源於一九九三年《自然》（*Nature*）期刊發表的一項研究，該研究發現，聽了十分鐘莫札特奏鳴曲的大學生，在空間智力測驗中的成績，提高了八到十分。這個研究發現被稱為「莫札特效應」（Mozart effect），並引發了後續研究的熱潮，這些研究試圖複製最初的研究結果，但結果只是好壞參半。一項綜合比較分析對十六項不同的相關研究進行了評估，得出的結論是，整體效應微乎其微。儘管莫札特效應未能達到科學標準，它還是受到了大眾的廣泛歡迎。在無數關於教育，特別是關於培養嬰兒技能的公開辯論中，都有人引用這項研究（請不要忘記，原始研究的參與者是大學生）。在這股熱潮最盛行的時候，美國喬治亞州通過了一項法案，承諾向新生兒的母親發放古典音樂ＣＤ。佛羅里達州則通過法案，要求由州政府資助的日托機構每天播放古典音樂。商店陳列相應的書和ＣＤ，大眾對這個現象的知曉率達到了八十％。這個現象也傳播到了海外，成為世界上最成功的都市傳說之一。

不幸的是，對大多數都市傳說追根溯源，並不像追蹤表面上基於科學研究的傳說那樣容易。都市傳說愛好者的官網，自稱是網路上關於這類傳說、民間故事、神話、謠言和誤導性資訊最

全面的參考來源。你可以按類別（不少於四十三個）瀏覽該網站，也可以直接跳到排行榜上二十五個最熱門的故事。例如，在犯罪類別中，你可以找到這樣一個故事：

一位抽雪茄者為了幾百支雪茄購買火災險。在抽完所有雪茄後，他向保險公司索賠，理由是雪茄都被燒光了。保險公司拒絕賠償，該男子將保險公司告上法庭。法官命令保險公司賠償投保人，但他收到錢後，保險公司立即要求法庭因縱火行為逮捕他。

根據該網站的說法，這個故事產生於二十世紀六〇年代中期，並被證實是毫無根據的。

該網站勤奮的編輯，為線民奉上了成百上千個傳說，分析它們的起源，並斷言它們是真實的、虛構的，或者在很多情況下，有一絲真實性。其中一則故事，講的是一位來自美國加州的司機，他收到了一張超速罰單，並附有他超速行駛時被攝影機拍下的照片，以及繳納四十美元罰款的命令（這是二十世紀六〇年代的事）。憤怒的司機將罰單連同兩張二十美元鈔票（需支付的罰款）的照片一起寄了回去。一週後，他收到警方的回信，打開信後，他發現了一張手銬的照片。排名網站「TopTenz」列出了贏得最多粉絲的十大神話與都市傳說。從「如果晚上把牙齒放在可樂裡，到早上牙齒就會化掉」的說法開始，到「鱷魚被放進城市的下水道系統」的恐怖故事，最後是「偷腎」的傳說，這個傳說甚至被寫進了電影。「偷腎」的傳說可能起源於一九九七年，當時網路上開始流傳一封信，警告人們有一種新的犯罪開始出現。大多數版本講述的是，一名旅行商人在酒吧結識了一位陌生人，這位陌生人主動與他聊天，並邀請他一起喝酒。很快地，這名商人意識變得模糊，醒來時發現自己在一個陌生的旅館房間裡，通常是在裝滿冰塊的浴缸裡。旁邊留有一張字條，建議他撥打緊急救難電話，當救護人員趕到時，他們發現商人是一個詐騙集團的受害者，被人麻醉後，偷走了一個腎，準備在黑市上販賣。這個故事是虛構的，美國一個健康組織要求因腎臟被盜而受到傷害的人與該組織聯繫，但並未接到任何電話。

一九八一年，揚・哈羅德・布魯范德（Jan Harold Brunvand）的《消失的搭車客——美國都市傳說及其意義》（*The Vanishing Hitchhiker: American Urban Legends and Their Meanings*）一書出版，引發了大眾對都市傳說的廣泛關注。布魯范德在書中指出，都市傳說和民間故事並非僅限於原始社會，對它們進行分析，可以讓我們對其創作者的文化背景有所瞭解。都市傳說的特點之一，是缺乏具體的地點、時間、當事人姓名，和類似的識別資訊。許多都市傳說偏愛恐怖、犯罪、有毒食物，或其他可能造成大範圍影響的情節。根據布魯范德的說法，所有感覺受到故事威脅的人，都會急於警告其關心的人，這樣故事就被「插上了翅膀」，得到了傳播。

與神話一樣，都市傳說之所以能被人們津津樂道，是因為它們強化了大眾先前持有的世界觀，並有助於理解那些看似複雜難懂的事件。研究人員還意識到，**都市傳說能幫助我們處理內心壓抑的恐懼**。從其他國家走私來的狗，被發現其實是發育過度的老鼠的故事，反映了人們對非法移民的恐懼；十幾歲男孩誤食蛇蛋的故事，反映了人們對導致胃部感染的物質的恐懼；新娘在婚禮前幾天，發現未婚夫與自己的姊姊有染後，取消婚禮的故事，反映了人們對不忠的恐懼。透過這些故事，我們應該能夠在一定程度上控制自己的恐懼，並警告他人防範這些恐懼。

各種社會心理學理論，試圖解釋思想傳播的方式，以及思想能夠在人們心中占據一席之地的原因。其中大多數理論認為，傳播思想滿足了個人或社會的真正需求，進而實現了社會功能。舉例來說，將科學研究的結果，用通俗易懂的方式表達，有助於不擅長閱讀研究結果的普羅大眾應對這些威脅。至於謠言，它們在人群中傳播，是對不確定性和焦慮的一種反應。一項研究甚至發現，在參與者身上，焦慮傾向和謠言傳播傾向之間存在相關性。陰謀論——與謠言相似——基於這樣一種觀念：在重大的社會、政治或經濟事件背後，隱藏著一個不為公眾所知的祕密計畫，這個計畫由有權有勢、有影響力的邪惡分子執行，以達到邪惡的目的。這些故事以各自的方式解釋複雜的世界，並透過將其劃分為正義和邪惡，大大簡化了世界的複雜性。

尤其值得注意的是，有一種理論認為這種現象源於進化過程。一九七六年，著名進化生物學家和作家理查・道金斯（Richard Dawkins）出版了一本書《自私的基因》。書中，他首次提出一種可能性，即**文化信仰（cultural baggage），尤其是思想，就像基因或病毒一樣，透過被他稱為「迷因」（memes）的資訊單位傳播**。輪子的發明、婚戒，或一則吸睛的「八卦」——都是以這種方式傳播的文化資訊單位。要使一個迷因傳播，需要幾個能賦予它「黏力」（stickiness）的特徵。例如，陳舊的笑話沒有黏力，待第一個講述者講完，它就悲慘地消失了。簡單地說，有黏力的思想，是出人意料的、具體的、可信的、有故事性的、有感染力的。奇普・希思（Chip Heath）和丹・希思（Dan Heath）在二〇〇七年出版的《黏力，把你有價值的想法，讓人一輩子都記住！》一書中，分析了兩者的區別性特徵。

奇普・希思及其同事在二〇〇一年進行並發表了一項研究，主要關注迷因的傳播，是否涉及一個受強烈情感影響的選擇過程，最好是那些能夠引發許多人共鳴的情感。一個迷因引發的情感反應愈強烈，它被記住、被傳播，並在與其他迷因的競爭中，獲勝的機會就愈大。**都市傳說就是一種迷因**，希思及其同事試著用都市傳說來驗證自己的理論。他們用了這樣一個故事：某人從瓶子中喝水，然後發現瓶底有一隻死老鼠。他們編造了三個版本的故事，這三個版本只在引發厭惡情緒的程度上有所不同。在「輕微厭惡」版本中，此人在將瓶子送到嘴邊之前，就注意到了老鼠的屍體；而在「嚴重厭惡」版本中，嗯，你應該想像得到。研究人員在嘗試確定哪些想法更容易傳播時，發現參與者更傾向於傳遞引發最強烈厭惡情緒的故事版本。他們還進行了一項補充研究，比較各種都市傳說網站，統計這些網站發布的傳說中，出現不同主題的相對頻率。結果也顯示，能夠倖存下來的迷因，不一定是那些忠於事實的迷因，而是那些能夠引發強烈情感反應的迷因。厭惡是這些故事中的一個主要主題，正如日本流行的一則都市傳說所反映的那樣。

「Aka Manto」（日語中的「紅色斗篷」）是一種喜歡在廁所裡顯形的鬼魂，一般出現在女廁的最後一個馬桶裡。當倒楣的受害者坐在馬桶上，就會聽到一個神祕的聲音，問她喜歡紅紙還是藍紙。如果她說紅紙，她將被殘暴且血腥地（紅色）殺害。如果她說藍紙，她將被勒死（臉會變成藍色）。如果她想要任何別的顏色，立刻就會有一雙手，把她拖進地獄的烈焰中。拯救自己的唯一方法，就是什麼都不要。我在想，這是不是在以都市傳說的方式警告我們，**消費文化正在以無數種方式吞噬著我們，而唯一的生存之道，就是不為自己索取任何東西。**

從窮困潦倒，到一夜致富

誠實的人，是否可能被欺騙？

「朋友，你與艾伯特．布拉克是親戚嗎？就是那名去年在大西洋上墜機的飛行員。」圖帝．維斯庫（Tuti Wisku）博士在電子郵件中詢問我。維斯庫介紹道，他是這名不幸的飛行員的遺囑執行人，正在四處尋找繼承人。迄今為止，他的努力都石沉大海，如果我確實是艾伯特的親戚——正如這名來自奈及利亞首都阿布加的專職律師希望的那樣——那麼我有望成為已故飛行員積蓄和事業成果的唯一繼承人，獲得一大筆意外之財。電子郵件中附有墜機事件的報導影本，儘管其中並沒有提到我那久未謀面的「親戚艾伯特」。我對這種不勞而獲的承諾一笑置之。假如我有過一位艾伯特叔叔，他早就在猶太人大屠殺中被殺害了。「得了吧，」我自言自語道，「下次想個更好的主意。」

我的想法很快得到了回應。幾天後，我又收到了一封電子郵件。這一次，奈及利亞中央銀行的出納總管本．吉菲（Ben Gifi）向我提供了四千五百六十萬美元。他寫道，由於我在一個政府專案中所做的工作，我有合法權利獲得這筆錢；不幸的是，由於銀行發生了令人尷尬的電腦故障，這筆錢一直沒辦法支付成功。我需要做的就是把我的個人資訊傳過去，國際銀行清算系統會處理剩餘事宜。正如你猜測的那樣，這兩封電子郵件，都是全球廣泛傳播的「奈及利亞詐騙」或「四一九詐騙」的一部分（後者指的是奈及利亞刑法第四百一十九條，該條法律是針對這種現象提出的）。

這些詐騙郵件的基本結構大同小異。收件人不認識寄件者，卻被告知有機會獲得巨額財富——這要歸功於好運、收件人的信譽卓越，或者無意的錯誤。在另一個版本中，收件人被要求幫助一位已故統治者的繼承人取回存放在當地銀行的資金，並被承諾將獲得一大筆遺產作為回報。這些郵件還有許許多多變體，只受到寄件者創意的限制。

近年來最流行的騙局是「奈及利亞詐騙」的升級版，被稱為「西班牙囚犯」。收件人會收到通知，稱其親戚或熟人在國外遇到麻煩，錢包被偷或丟失，急需現金。與其他郵件騙局不同的是，這封電子郵件是從熟人的電子郵件帳號發送的，該帳號已被詐騙犯侵入，這增加了求助的真實性（在最初的版本中，寄件者因身分被弄錯而被捕，並索要保釋金）。在一個更有創意的騙局中，收信人會收到一張來自「顧客」的支票，金額遠遠超過從收信人處購買的產品或服務的價值。由於這個「錯誤」，寄信人會要求收信人退還多出的金額。因為國際支票清算流程相對較長，受騙者在發現這張「超額」支票是假支票之前，很可能已經向騙子支付了金錢。另一個非常常見的網路騙局，是祝賀收信人中了樂透，儘管這位中獎者根本不記得自己買過樂透。

回應這類詐騙郵件的人會發現，在收到巨額財富之前，他們被要求完成各種步驟，包括向善良的海外合作夥伴轉帳。在每個階段結束後，他們只需要再匯出一筆錢，金額不大，用以解決最後的法律問題。最後，即使是最容易上當受騙的人，也會意識到自己成了詐騙的受害者，支付了騙子虛構的費用。

大多數人認為奈及利亞詐騙只能誘騙少數沒有受過教育、不諳世事的人。但事實上，這些詐騙郵件的受害者範圍很廣，其中許多人都是聰明人，受過高等教育、見多識廣。企業高階主管、政府高層官員和許多其他精明能幹的人，也會成為受害者。重要的問題一直是：**起初他們為什麼要回應這項邀約呢？**

人類自進化之初，就傾向於欺騙他人。早在遠古時代，人類就發展出了欺騙的能力，以及——分辨欺騙的能力。在史前時代，原始工具只能生產較少的食物，騙取更多食物分額的能力，就顯得非常重要。而辨別試圖鑽制度漏洞的人，也至關重要。如前所述，當我們說謊時，大腦會感覺不適，並透過一些手勢和肢體語言來表達這種不適，但主要還是透過語言來表達：**說謊者往往喜歡描述很多細節，避免使用第一人稱和表達情感的詞語。**

當我們看不見對話者、聽不見他們的聲音時，我們分辨欺騙的能力，是否也降低了？還是說，騙子透過迎合那些同樣重要的基本需求，成功地破壞了我們辨別欺騙的微妙機制？畢竟，欺騙的大部分跡象都擺在眼前了：郵寄地址不是個人地址；承諾的回報數額大到離譜，實際上，我們甚至不知道有誰中過這樣的大獎。那麼，發送這些誘人消息的人，是如何成功戰勝我們不斷發展的懷疑心呢？回應邀約的人和懶得理會的人，又有什麼區別呢？

現代工作中的大量公文往來，似乎會使我們分辨欺騙的原始本能變得遲鈍。事實證明，**與口頭傳達的消息相比，人們更傾向相信自己收到的書面資訊。**這可能是因為官方機構和服務供應商向我們發送大量的書面資訊，強化了我們的認知，即寄件者是正規、守信的機構。此外，事實證明，我們所有人都對權威很敏感。的確，奈及利亞詐騙背後的騙子，常常扮作律師、銀行家、政府高層官員等權威身分。當資訊以普通信件的方式發送時，信函通常會印在官方信紙上，信封上裝飾著所有相關的權威標誌，醒目地標著「官方信件」。

每封信都呼喚收信人回應，起初也不要求匯款。收信人對最初信件的回應，預示著他們會繼續按要求行動，並回覆接下來的信件，而後面的來信，就會提出錢財方面的要求。暢銷書《影響力——讓人乖乖聽話的說服術》作者，美國心理學家羅伯特．席爾迪尼（Robert Cialdini）提供了一個行為解釋。他指出，**人們往往重視自己行為和他人行為的一致性。**一致性給人一種控制感，增強人們瞭解世界，甚至預見未來事件的信心。每位投資者都很熟悉這種傾向：僅僅為了保持一致性，投資者就願意繼續向失敗的投資中投入更多資金。

對受騙者的研究顯示，他們之中有許多人之所以會回覆信件，是因為他們高估了自己對信件涉及領域的理解，高估了自己識破騙局，並與對手抗衡的能力。令人驚訝的是，從事投資工作的人，更容易成為這種騙局的受害者。在西方國家，有些詐騙信件故意用蹩腳的英語書寫，目的是讓收信人產生虛假的優越感，增強他們的過度自信。

「從窮困潦倒，到一夜致富」的神話原型，講述了某人得到突如其來的意外之財的故事，而詐騙信乘上了這些神話原型的東風。幾乎所有文化中都存在這樣的故事。然而，驅使人們忽視詐騙信件中的示警信號，主要原因是貪婪和對輕鬆賺錢的渴望，而相對於所需付出的微薄代價，巨額回報又進一步強化了人們的貪婪。二〇〇九年，英國公平交易局對英國眾多詐騙感到擔憂，因此委託一所大學心理學院的研究人員，對此進行全面研究。研究人員的創新之處在於，他們假設人們對詐騙的回應並非異常現象，而是判斷上的錯誤——這種錯誤是我們在日常生活中，做出的許多經濟決策的特徵。

處理所有理性決策所需的相關資訊，對我們的大腦來說是不可能的，因而它嘗試走捷徑，上述錯誤正是這種行為的必然結果。這些必要的捷徑，允許情感動機滲入並影響決策過程，包括貪婪、尋求刺激，有時還包括缺乏自控等衝動。寄信人正是利用這些因素，來阻止收信人蒐集資訊，以支持或反對他們即將做出的決策。

研究人員認為，受害者決定回信，是認知過程和情感過程相結合的結果。一方面，認知過程會對該邀約的權威性和官方語氣做出反應；認知過程還可能將此視為包含合理風險的長期賭注。另一方面，邀約的措詞針對情緒系統，範圍包括貪婪、追求即時滿足，和尋求刺激的需求。

研究人員向一組收信人發送了一萬封模擬信件，這些信件分別用八種不同的措詞寫成，以確定其相對有效性。這部分研究中，最重要的發現是，無論措詞和其他因素如何，預測回覆可能性的最佳指標，都是收信人是否回覆過類似的信件。傾向於回覆這種邀約的其中十%～二十%的人，並不一定是糟糕的決策者，但他們顯然更容易受影響、被說服。研究人員稱，他們之中的一些人，在情緒調控和自律方面存在問題。這種問題在很大程度上，導致人們偏好即時回報，這是導致判斷錯誤的最常見偏見之一。因此，**社交孤立的人特別容易被騙，因為社會關係**

會增強人們的自我控制。研究人員還非常驚訝地發現，許多受騙者不願意告訴別人他們收到的邀約，好像擔心別人會指出他們的大腦已經隱隱有所意識的錯誤。

網路為奈及利亞詐騙的肆意橫行提供了終極平臺。網路也為我們理解這個騙局的「商業模式」奠定了基礎。這種模式不一定是基於高利潤（受害者為支付「費用」而預付的幾千美元），而是基於網路可以實現免費通訊的這個事實（順帶一提，據統計，這些郵件的回覆率約為千分之一到千分之二）。網路技術在成功的騙局中發揮了另外的作用：研究顯示，騙子與潛在受害者之間的距離，確保了前者不會被突如其來的同理心所困擾，而這種同理心阻礙了許多面對面實施的詐騙行為。

由於**許多騙局建立在受害者本人願意欺騙當局或冒用假想繼承人身分的基礎上**，因此問題出現了：騙子和被騙的人，有相似的性格特徵嗎？一九四〇年，首次出版的《大騙局》（*The Big Con*）一書的作者大衛．毛雷爾（David Maurer）對此深信不疑：**「你無法欺騙一個誠實的人。」**

我指控，但誣告

通往正義之路，由欺騙性證據砌成。

一九八八年一月，一名年輕女子在下車的那一刻遭到襲擊。襲擊者持槍搶劫她，逼迫她脫掉衣服，並性侵了她。受害者在兩組照片中指認特洛伊・韋布（Troy Webb），導致他在一九八九年被判性侵、綁架和搶劫罪。第一次指認時，受害者指向韋布的照片，但表示韋布看起來太老了。在第二組照片中，警方使用了特洛伊・韋布四年前的照片，以確認受害者對他的指認。但對精液痕跡進行的檢測，並沒有得到確定的結果。

在審判期間與結束之後，特洛伊・韋布一直堅稱自己是清白的。一九九六年，他終於獲得了生物證據，DNA檢測證明他並不是襲擊者。同年，他被釋放出獄，後來因其清白，得到了美國維吉尼亞州州長的特赦。

《無辜者》（*The Innocents*）是一本令人不寒而慄的攝影訪談集，作者是美國攝影師塔林・西蒙（Taryn Simon），該書於二〇〇三年出版。書中記錄了包括特洛伊・韋布在內的五十個人的肖像和故事，這五十個人被判定犯有嚴重罪行，在監獄中度過漫長的歲月，但最終證明了自己的清白並獲釋。西蒙的作品是對無情的法律制度、司法疏忽，和在某些情況下真實的腐敗的悲哀評論。書中介紹的前囚犯們，無緣無故在監獄中共服刑五百五十八年，平均每個人超過十年。他們之中有些人曾是死囚，大多數人之前沒有犯罪紀錄。

書中大多數被錯誤定罪的人的命運，是由照片決定的，這些照片不太專業，甚至經常模糊不清——這些照片導致他們被警方匆忙定罪，基於在急於結案的警探催促下，證人對照片的指認。西蒙試圖恢復相機的公正性，她將被誤判的人帶到犯罪現場——他們從未去過的地方，在那裡，他們的命運被裁定，他們的生活被永遠改變。或者，她將他們帶回犯罪發生時，他們實際所在的地方，抑或他們被捕的現場。訪談反映了那些在監獄中浪費了大部分生命的人的痛苦，同時揭示了攝影媒介在法律程序中的作用——這種媒介有其侷限，有時還會被誤用。

可疑的心理側寫

近年來，在犯罪現場採集的新DNA資料（有時是在判決多年後，採集到的新證據），使得美國三百四十多名男女被無罪釋放。這些人曾被判犯有重罪，但事實上他們從未作惡。在約七十五%的案件中，錯誤定罪的原因，是某個關鍵證人在警方的嫌疑人照片或對列中，指認了錯誤的犯罪嫌疑人。但是，西蒙作為攝影師，是否過分強調了某些嫌疑人照片的品質低劣，而完全忽視了可能導致錯誤定罪的各種人為偏見呢？

美國心理科學協會《觀察》（*Observer*）雜誌的編輯艾瑞克．華果（Eric Wargo），在二〇一一年十一月的月刊上，給出了這個問題的答案。在一篇題為〈從實驗室到法庭〉的文章中，華果討論了這類偏見對司法系統的影響，以及行為科學家為減少錯誤、恢復系統榮譽，做出的努力。

根據華果的說法，首次使用心理側寫來幫助縮小罪犯搜索範圍的，是針對十九世紀末，在英國倫敦街頭製造恐慌、犯下殘忍罪行的開膛手傑克（Jack the Ripper）。在對其中一名受害者驗屍後，警方的病理學家湯瑪斯．邦德（Thomas Bond）得出結論，凶手是「**一位沉默寡言、衣著考究、身著披風、性欲旺盛、性格孤僻的中年人，他不懂解剖學，因此不是醫師或屠夫。**」

然而，鑑於維多利亞時期倫敦的流行時尚，這種描述對抓捕凶手並無太大幫助，凶手的身分至今仍然是個謎。警方調查人員又等了一個世紀，才等到罪犯側寫技術被投入使用。二十世紀八〇年代末，英國哈德斯菲爾德大學的心理學家大衛・坎特（David Canter）為調查員偵破一系列謀殺案，提供了重要的幫助。這名被稱為「鐵路強姦犯」的凶手，強姦了獨自在深夜等車的年輕女性，並將她們勒死。

華果引用坎特的話解釋：「大多數對個性和個體差異感興趣的心理學家都會研究人的特徵，以預測他們在各種生活情境下的行為方式。調查員的任務則恰恰相反，而且要艱鉅得多，即利用某人的行為證據，來描繪他的個人特徵。」運用坎特的犯罪心理側寫技術，警方能夠將搜索範圍縮小到「**二十多歲的熟練工或半熟練工，週末工作，朋友很少；對武術和刀劍感興趣；身材矮小，自認缺乏吸引力；住在第一次作案地點附近**」。這個描述與其中一名犯罪嫌疑人的特徵完全吻合，當警方在該犯罪嫌疑人的住所發現犯罪證據後，該犯罪嫌疑人被定罪，並（因七項罪名）被判處無期徒刑。

目擊證人

心理側寫可以指導警方調查人員的工作，但定罪幾乎總是基於目擊證人的證據。事實上，目擊證人對裁決的重要影響，在一九七四至一九九九年，引發了不少於兩千項旨在評估目擊證人可信度的研究。在其中一項研究中，研究者在大學校園內製造了一起對教職人員的襲擊，有一百四十一名目擊者目睹了該事件。然而，這些人對襲擊者的外貌、體重、衣著，和其他相關方面的描述大相逕庭。

研究人員評估了目擊證人對事件描述的準確性，評分範圍為1～100分，而且目擊證人的平均得分只有25分（最常見的錯誤是高估了襲擊的持續時間）。在類似的研究中，一名歹徒搶走了一個錢包。在五十二名目擊證人中，只有七名目擊證人在嫌疑人影片中，正確指認了歹徒。十名目擊證人未能在影片中識別任何犯罪嫌疑人，而三十五名目擊證人則指認了無辜的人——這種錯誤率是任何司法體系都無法容忍的。記憶力和視覺感知能力是成為目擊證人的關鍵，然而，許多研究已經證明它們在壓力條件下的侷限。事實上，在幾乎所有條件下都是如此。

美國加州大學的心理學家伊莉莎白．洛夫圖斯（Elizabeth Loftus）經常在刑事訴訟中，作為專家證人出庭。在法庭上，她向陪審團解釋她的科學研究結果，其中包括暗示性問題對記憶扭曲的影響。在她早期的一項研究中，她向參與者播放一段車禍影片。隨後，有些參與者被問到：「汽車在撞到牆上時，大約有多快？」他們預估的平均速度是每小時六十五公里。其他參與者被問及同樣的問題，但措詞更為「溫和」：「汽車在碰到牆壁時，大約有多快？」他們預估的平均速度，僅為每小時五十五公里。在另一項研究中，洛夫圖斯發現，犯罪現場出現武器，會降低目擊證人證詞的準確性，因為他們的注意力被威脅性武器分散了。

二〇一四年進行的一項研究顯示，我們都傾向於相信有罪的記憶。茱莉亞・蕭（Julia Shaw）和史蒂芬・波特（Stephen Porter）在對學生的一系列訪談中，運用了「植入記憶」（planting memories）技術，包括描述真實和虛構的童年事件，讓學生相信自己曾經有過竊盜或襲擊等犯罪行為。最終，大多數學生（七十％）詳細描述了實際上從未發生過的犯罪事件，包括描述他們與員警的遭遇。

我們在電影中經常看到警方的列隊指認程序，依然是調查過程中的核心工具。然而，許多研究顯示，這種方法很容易造成指認錯誤，特別是由於假設「罪犯是嫌疑人對列中的某個人」的邏輯缺陷。這種假設不一定成立，因為主要犯罪嫌疑人可能是無辜的。當目擊證人看到一排嫌疑人時，如果他們不能立即指認罪犯，但又覺得自己有義務指認其中一人，那麼他們就會開始將犯罪嫌疑人與自己模糊的記憶進行配對。

華果認為，在這階段，即使是警方調查人員發出的無意識信號，也會引導目擊證人指向某個特定的犯罪嫌疑人，而目擊證人確信是自己的記憶在引導他們的選擇。事實證明，如果讓嫌疑人對列中的每個人都單獨出現，即逐個展示，那麼目擊證人就能更準確地指認犯罪嫌疑人（從一組照片中選擇犯罪嫌疑人時，也是如此）。如果無法並排比較犯罪嫌疑人，目擊證人就不會那麼強烈地感覺必須選擇其中一人。而且，若指導嫌疑人列隊指認的調查人員不熟悉調查檔案，目擊證人指認的準確性也會提高。

認罪

錯誤指認是導致無辜者入獄的主要原因，而虛假供詞是第二大常見原因。索爾・凱辛（Saul Kassin）及其合作研究者發現，在後來被DNA證據推翻的錯誤定罪中，有十五％～二十％是因為出現了虛假供詞。犯罪嫌疑人這樣做可能是出於各種奇怪的原因——例如，為了保護真正的罪犯，甚至是為了出名。然而，華果解釋，主要原因還是在於傳統的審訊方法，即假定犯罪嫌疑人有罪。

在這種指控性審訊中，犯罪嫌疑人被孤立起來，以加劇他們的焦慮，然後審訊人員會向他們出示證據（有時是捏造的證據），將他們與犯罪連結起來。如果犯罪嫌疑人否認自己有罪，審訊人員完全不會相信，若犯罪嫌疑人堅稱自己是清白的，就會被警告將面臨嚴重後果。在這階段，審訊人員有時會「軟化態度」，為了贏得犯罪嫌疑人的信任，審訊人員會承認受害者是罪有應得，或者提出其他理由來為罪行開脫。這樣做的目的，是讓犯罪嫌疑人在認罪的同時，還能保住面子。

華果總結道：「無辜的犯罪嫌疑人最終可能會招供，以擺脫當下的壓力，甚至在某些情況下，因為向他們出示的『證據』而開始懷疑自己的清白……有些犯罪嫌疑人，如精神障礙患者，尤其脆弱。」

毋庸置疑，在審訊過程中，如果能夠明確地識別謊言，將大有裨益。眾所周知，心率變化、出汗增多、血壓波動和膚電反應，都是說謊的跡象，但說真話的人在審訊過程中也會感受到壓力，因此這些跡象並不能構成確鑿的證據。

任何有經驗的調查員都會證實，說謊者往往很健談，但會避免使用表達情感的詞語，也不以第一人稱說話。如果每個故事都有開頭、中間和結尾，那麼說謊者會直接跳到中間部分。含糊其詞者的肢體動作（坐立難安或聳肩）、語調和語速，容易發生微妙的變化。唾液的實驗室檢測也能發現皮質醇濃度的增加，這是一種與情緒壓力有關的激素。但這些跡象都不足以明確判定犯罪嫌疑人有罪，尤其是在他們身邊有經驗豐富的律師的情況下。

一種識別說謊者的有效方法，是研究人員所謂的「認知負荷」（cognitive load）。其基本假設是，由於將大量心理資源用於跟蹤自己所講的真假故事之間的差異，說謊者的認知能力會減弱。這些分散的資源，用於防止身體出現明顯的跡象，並避免故事本身前後矛盾。研究人員認為，在審訊期間增加一項認知任務，會使犯罪嫌疑人更難承受這種「負荷」，導致虛假資訊的「金字塔」坍塌，進而使犯罪嫌疑人招供。

其中一種技巧是，要求犯罪嫌疑人倒敘故事，從結尾講到開頭。這對說真話的人來說相對容易，但對說謊者來說，他們對所編造的事件沒有內在記憶，因此這個要求對他們來說，會產生真正的認知負荷。另一種技巧是，研究人員要求犯罪嫌疑人對故事中的環境，進行非常詳細的描述，甚至要求他們畫出來。在這個環節，說謊者提供的細節會很少。

專家意見

《謀殺犯的形成》是有史以來最成功的系列紀錄片之一。該片描述了對史蒂文・艾弗里（Steven Avery）謀殺案的審判，以及導致他悲慘命運的人性弱點——尤其是員警、檢察官、法官和陪審員的過度自信。片中的辯護律師稱，警方為了確保定罪而偽造證據（鑰匙和血跡），法醫調查員也出現了偏見，他們操控調查結果，使之與他們全心全意相信的檢方說法相吻合。

英國倫敦大學學院的認知心理學家艾提爾・卓爾（Itiel Dror）專注於研究鑑識科學。在一項研究中，他向五位專家展示了一系列指紋，並告訴他們這些指紋取自布蘭登・梅菲爾德（Brandon Mayfield），一名被錯誤指控參與馬德里恐怖攻擊的美國律師。這些專家被要求評估聯邦調查局（FBI）分析的準確性，FBI的分析結論稱，梅菲爾德的指紋與事件現場採集到的指紋不符。

但卓爾誤導了專家。他們每個人收到的指紋，都是自己以前調查過的案件中，犯罪嫌疑人的指紋，在這些案件裡，他們發現犯罪嫌疑人的指紋，與在犯罪現場採集到的指紋相吻合。聽說梅菲爾德被無罪釋放後，五位專家（他們確信自己檢查的是梅菲爾德的指紋）中，有四位得出結論：指紋與在犯罪現場採集到的指紋沒有足夠的相似性，無法確定梅菲爾德的罪犯身分。後來，卓爾告訴專家，犯罪嫌疑人已經認罪，結果三分之二的專家改變了之前的評估。

在另一項有趣的研究中，布蘭登・嘉瑞特（Brandon Garrett）記錄了一百五十多起錯誤判決，並發現在六十一%的案件中，法醫專家代表檢方作證的分析都是無效的。大多數案件從一開始就包含不太可靠的證據，如毛髮樣本，儘管有十七%的案件進行了DNA採樣。

這種本應彰顯正義之光的脆弱程序，未來是否會繼續困擾法院系統，乃至整個社會呢？如果我們回過頭來問艾瑞克．華果，就會知道他認為答案在腦科學家那裡。他們現在已經知道，不同類型的謊言，會觸發大腦的不同區域——與即興謊言不同，經過計畫和排練的謊言，會啟動大腦中與記憶相關的區域。反應時間也可能是謊言的標誌——與視覺刺激有關的謊言，啟動大腦相關區域的速度，比真相快零點二秒。迄今為止，美國法院拒絕接受基於大腦成像的證據，但也許用不了多久，成像設備不僅能確定誰在謊報事實，還能確定在刑事案件中，以暫時的精神錯亂為藉口者的可信度。

第三篇

一切都井然有序

人生清單

待辦清單的魔力。

從待辦清單中，我們可以瞭解哪些關於撰寫者的資訊？方方面面，因為這是我們許多人將宏偉夢想，分解為一系列現實任務的常見手段。只要把清單遺忘在送去洗衣店的襯衫口袋裡，你就會意識到，待辦清單已經成為你身分的一部分。

我們的待辦清單，就像世俗版的個人祈禱文，是我們告訴世界和自己，我們想要什麼及其優先順序的方式。待辦清單沒有敘事線。整理放襪子的抽屜和寫一本詩集，可能會在清單上相繼出現。而且許多清單制定者都知道，把任務寫在紙上的這個行為，本身就有一種魔力，能提高任務真正完成的機率——即使有時長久地盯著清單，是獲得這種魔力的先決條件。我們都知道，偷看別人的電子郵件或手機通訊錄，滿足自己的好奇心後，我們會產生愧疚感。閱讀別人的待辦清單也有類似的效果。它們展現了撰寫者內心深處的自我，揭示了其「真實個性」與其試圖展示出來的「更完美自己」之間的差異。閱讀別人的待辦清單，是一種低成本的偷窺行為，就像看真人秀節目一樣。我們有時可能會懷疑自己是否正常，而閱讀其他人的任務清單能讓我們平靜下來。我們發現，其他人的生活也充滿了挑戰。

制定待辦清單通常分為幾個階段。初始階段充滿希望和微妙的情緒，讓我們和白紙面對面。在這階段，即使清單還沒有完成，但思考未來的任務會讓我們充滿目的感，自豪感也油然而生。然後就是一個令人愉快的階段，想起要做的任務，想到未來仍有無限可能，我們會感到輕微的興奮。

最後，那些已經為完成所有任務制定嚴格時間表的人，會體驗到真正的滿足感，而其中多數的任務，從一開始就是無法完成的。如果我們接受美國藝術家查爾斯·格林·蕭（Charles Green Shaw）的說法，就不會有什麼問題：**「真正的幸福不在於我們實際完成了什麼，而在於我們認為自己完成了什麼。」**

不過我們也得承認：在完成一項任務後，把它從清單上劃掉，確實會產生一種令人興奮的感覺，近乎狂喜。心理學家認為，**清單強迫症患者試圖給自己製造一種對生活的控制感**，如果沒有這些清單，他們就會認為生活過於混亂。他們無意識地擔心，如果不繼續制定清單，他們的世界就會失控。當你列出一份清單時，會更容易發現哪些任務更重要；即使是需要做很多工作的任務，當它被縮減成頁面上的一行時，也會突然顯得更容易完成。在美國進行的一項調查發現，四十二%的人都會制定此類清單。然而，問題仍然存在：這些清單是能幫助我們更好地工作，還是只會助長拖延的不良習慣？畢竟人們並不會因為清單上沒有，就不去做某項工作。

如果你停下制定清單的動作，望向四周，會發現**我們生活的整個世界，都是由清單組成的**：從人類文明最偉大的文化資產，一直到平凡的事物，如購物清單、旅行行李清單、菜單、遺囑或Google搜尋結果。

艾可的清單

二〇〇九年，義大利作家安伯托・艾可（Umberto Eco，《玫瑰的名字》和《傅科擺》的作者）在巴黎羅浮宮策劃了一場完全由清單構成的展覽。「無盡的清單」構成了一次藝術、文學和音樂之旅，靈感來自於數位對艾可的魔力，同樣也來自於這位作家在世界最著名博物館內進行的詳盡研究。

在接受《明鏡週刊》（*Der Spiegel weekly*）採訪時，艾可解釋道，**文化的誕生源於「人類讓無限變得可理解」這個需求**。他說，我們用清單、目錄、博物館藏品、辭典和百科全書，來試圖掌握那些無法捉摸的事物。艾可表示，每一份清單背後，都隱藏著為某些事物找到精準表達的困難。如果有人問他，他可能會說，逐一列舉大屠殺中逝者的名字，是試圖將不可想像的事物，錨定在可想像的事物上。

艾可說，詩人荷馬是他整個展覽的靈感來源。在《伊里亞德》中，當這位古代詩人試圖描繪希臘軍隊令人生畏的規模時，他先借助森林大火的意象，將其比作戰士武器的光芒。然而，當這個意象還不能讓荷馬滿意地表達壯觀的場面時，他便超越了描述性表達的侷限，用一長串指揮官的名字、他們的生平經歷，以及他們出戰的船隻數量來表達。這份名單長達三百五十行。

清單代表著高等文化和先進文明，因為它們使我們能夠審視用於描述我們世界的基本定義。艾可斷言，文化史上充滿了各種清單：聖徒、軍隊或藥用植物清單、珍寶或圖書清單等。展覽的其中一個部分被俏皮地命名為「Mille e Tre」（意為「一千零三」），這是傳說中唐璜（Don Juan）試圖在西班牙追求的女性的總數。艾可認為，清單對我們的吸引力，源於我們對生命有限性的意識。這使得我們熱愛那些我們認為沒有界限或終點的事物，進而分散我們對不可避免的死亡的注意力。「我們喜歡清單，因為我們不想死。」他說。

艾可策劃的展覽，並不是唯一一個關於這個主題的展覽。在此之後，華盛頓的史密森尼博物館也舉辦了一場展覽，透過他們保存的清單，揭示了一些世界上著名藝術家的強迫性和控制欲。這些清單包括了靈感、指示、抱負、傳記細節、畫作、任務和顏色等內容。畢卡索親筆寫的一份清單上，擬定了一九一三年軍械庫展覽會（Armory Show）的參展名單，這是美國首屆國際現代藝術展。從這份清單上看，畢卡索不知道如何正確拼寫他那個時代最偉大的藝術家之一，馬塞爾・杜象（Marcel Duchamp）的名字。另一份清單來自一九六一年，由偉大的芬蘭建築師和設計師埃羅・薩里寧（Eero Saarinen）撰寫，上面列出了挪威首都奧斯陸一項大型建築計畫的任務。在他制定清單的一週後，他被確診患有腦瘤，幾天後就去世了——這提醒我們，很難有人能夠完成自己清單上的所有任務。

人們用「清單強迫症」來形容這種強迫性的列清單的衝動，而網路是滿足這種欲望的終極工具。在網路上，你可以找到的清單多到你無法想像。網路正在改變我們獲取和使用資訊的方式。每個頁面上的文字更少，圖片更多，當然，清單也更多。在許多清單網站上，你還可以影響相關項目的排名。

網路奇蹟

用於創建和管理清單的工具是免費提供的。「List Producer」網站就是其中之一，該網站旨在激勵潛在的清單製作者，並幫助他們變得更加高效和有條理。該網站由艾美獎得主、福斯新聞製作人寶拉・里佐（Paula Rizzo）於二〇一一年四月創辦，她將自己的成就歸功於她對制定清單的強烈欲望。她相信，列出利弊清單可以決定任何關係的命運。

「listography」網站幫助使用者創建清單並與他人分享，還設有為清單提供可能主題的應用程式。該網站的創始人麗莎・諾拉（Lisa Nola）表示，當時她決定在母親因癌症去世前，將寫給母親的清單發布到網路上，那時她萌生了創辦網站的想法。她說，發布這些個人清單，是因為需要與他人分享她的痛苦，也希望從閱讀清單的人那裡得到安慰。社交網站的出現，讓我們對我們認識（或自認為認識）的人的日常生活產生了興趣——只要是覺得他們也對我們感興趣。「listography」和類似的網站，正是在這種自戀的推動下發展起來的。似乎除非別人瞭解我們的生活，否則我們的生活就沒有意義，因此我們動不動就在社交軟體上，隨意發布描述自己的清單。

美國第一份暢銷書排行榜，於一八九五年刊登在《讀書人》（*The Bookman*）雜誌上，從那時起，我們對排行榜的渴求就不曾停止：美國前總統雷根最重要的二十句名言；最離奇的十五個巧合；女性用來迴避性行為的十個最常見藉口；有朝一日必買的八樣最貴的東西；關係破裂的五個最常見原因，以及觀察吸蜜鳥的三種方法。

一大批伺服器支持排行榜網站的活動，這些排行榜列出了你離開這個世界之前，絕對要看、要讀或要體驗的，前一百、前五十或僅前十件事情——例如，與海豚一起游泳、留鬍子並保持一個月、寫遺囑（多麼合乎邏輯）、騎比馬還大的動物、參加奧運會、與真正改變一個國家命運的人握手，或者拍攝一種瀕危動物（除了可以永久保存的照片，這也會提醒你生命的脆弱）。基本上，這些都是需要付出某種真正體力的經歷，是對未知領域的探索，是與不尋常生物的邂逅，迫使我們直面內心隱藏的恐懼。一個特別誘人的想法是「給自己找一個敵人」——這是一種通俗的說法，意指你對某個特定主題表現出如此的執著，以至於最終招致某人的敵對。但最令人吃驚的其實是網路上所有清單的相似性，彷彿我們所有的夢想和願望，都是由同一家工廠設計出來的。

在「Ranker」網站上，你可以找到成千上萬個排行榜，其中最受歡迎的是人物和電影排行榜。該網站擁有三千三百二十五個關於名人的排行榜，一百三十六個關於死亡的排行榜（例如，自殺名人的遺言），以及至少十六個關於吸血鬼的排行榜（例如，滿足吸血鬼願望，並成

為吸血鬼的五個理由，其中主要優點是永生，主要缺點是必須放棄垃圾食物，並開始食用血液）。在這個世界上，**對我們周圍的現象進行測量，已經成為定義這些現象的重要工具，我們已經被給事物排序的榜單所奴役；如果某事無法進行排序，它似乎就不存在。**但是，這種不斷測量世界「脈搏」的行為，似乎讓我們錯過了某些重要的真理。或者可以說，我們之所以忙於將所有事物按照某種順序排列，是因為我們不想面對這些真相？

值得關注的清單

「Lists of Note」網站提供了湯瑪斯·愛迪生、希區考克、亨利·米勒和馬克·吐溫等著名人物制定的清單。其中一份是導演史丹利·庫柏力克對可能的電影片名的構想：「尋找劇本的電影片名」。其中一個片名「如果元首知道」（If Only the Führer Knew）源自二十世紀三〇年代德國的一種常見表達，顯然是在有人犯錯或出了差錯時使用的。而馬克·吐溫的清單是為了幫助一位紳士，他想救助一棟起火房屋的租戶，但不確定應該按什麼順序救人，也不知道應該先幫助誰。該清單列出了二十六種不同的人和家具，按重要程度排序。排在第一位的是未婚妻，其次是一些女士（救助者對她們懷有某種感情，儘管他尚未向她們表白），而排在最後的是消防員、家具和岳母。

在「Lists of Note」網站上，你還可以找到愛迪生和其他人為「留聲機」這項發明提出的其他數十個名稱（留聲機是一種可以記錄並重播聲音的設備）。其中包括宇宙音（cosmophone）、旋律圖（melodagraph）和時間音（chronophone）。網站上閱讀次數最高的清單源自一九三三年，作家史考特・費茲傑羅（F. Scott Fitzgerald）在寫給十一歲的女兒斯科蒂（Scottie）的一封信中列出的這份清單。在信中，他列出了需要關心的事情（勇氣、清潔、效率、騎術），不需要關心的事情（流行觀點、玩偶、過去、未來、勝利、蚊子、父母、男孩、失望和快樂），以及需要思考的事情（我一生的真正目標是什麼）。

一九二七年，美國電影製片人和發行人協會（Association of American Movie Producers and Distributors）公布了一份清單，列出未來電影應該絕對避免的十一個主題（包括分娩場景、貶低神職人員、跨種族性行為等）。它還列出了二十五個需要謹慎描述的主題（包括對肖像和國旗的使用、手術和對罪犯的同情）。一八三八年七月，在與表姊艾瑪・韋奇伍德（Emma Wedgwood）結婚前六個月，查爾斯・達爾文列出了一份婚姻利弊清單。最終，優點勝出，這對夫婦一直保持著婚姻關係，直到達爾文於一八八二年去世。結婚的理由有哪些？生兒育女（「如果上天保佑」）、得到固定伴侶、有人照顧家庭，以及享受音樂和談話的魅力，儘管這樣做會浪費時間。達爾文很難想像自己會像工蜂一樣辛勤勞作，獨自度過一生。不結婚的理由包括：失去自由，不能想去哪就去哪，不得不放棄在俱樂部和聰明人交談，需要拜訪親戚，失去時間，晚上讀書的機會減少，日常開銷會影響自己購買書籍的數量。

詩人也注意到了清單的作用，正如辛波絲卡的一首美妙詩歌的節選所反映的：

一份清單（節選）

我列出了一份問題清單，
而我已不再期待答案，
因為要麼為時過早，
要麼我無暇理解。
問題清單很長，
上面有許多大事小情，
但我不想讓你感到無聊，
只願透露其中幾個。

站在巨人的肩膀上

「榜單」是另一層次的秩序。

比起普通列表，人們更喜歡排行榜。在一個被資訊淹沒的世界裡，**排名代表在名字、事件和應該購買的產品的轟炸中，建立一些秩序的微小機會**。報紙編輯熱衷於排行榜，並以此來提高發行量；資本市場的參與者，也樂於在一份基金經理業績排名榜單上名列前茅。

美國石溪大學的電腦科學教授兼資料科學實驗室主任史蒂文・史基納（Steven Skiena）就是一位榜單愛好者。史基納透過大規模文本分析，來確定人、地點和各種事物之間的定量關係。他的同事查爾斯・沃德（Charles Ward）是Google 排名小組的工程師，專門從事文本定量分析。沃德也是一位天才鋼琴家，和歷史題材的策略遊戲的忠實玩家。兩人相識於沃德在史基納實驗室擔任開發人員的時候，從那一刻起，他們不可避免地創建一份終極榜單——人類歷史上最有影響力的人物排行榜。

他們編製這份榜單的重要創新之處在於，初步假設歷史人物的行為就像「迷因」（見〈我看見猴子在演奏莫札特的樂曲〉）。鑑於思想和基因的傳播方式是相同的，為了理解各種思想如何在我們的生活中占據一席之地，我們只需想像一下，那些攜帶著文化或心理負荷，而非遺傳負荷（即迷因）的「基因」，能夠像攜帶著生物負荷的基因一樣，在自然選擇（這裡指文化環境，而非自然環境）和變異中成功地存活下來。沃德和史基納以青少年偶像小賈斯汀的迷因為例，「每當有人閱讀他的維基百科頁面，或者他因為某些表演或『八卦』成為新聞時，迷因就會複製」。這個迷因將持續占據主導地位，直到它在未來的生存競爭中，輸給某個新的流行歌手的迷因，失去「環境生態位」。

研究人員的方法解釋了，為什麼某些人物在生前並不出名，但死後多年，卻在人類意識中贏得一席之地；也解釋了生前被認為是重要人物的人，如何被更強大的類似迷因所取代，並消失於歷史的舞臺。

那麼，如何確定牛頓和小賈斯汀誰更重要呢？是否有可能建立一個共同的基準，來評估生活在如此不同時代的兩位人物的歷史影響？

如何在黑暗房間找一隻黑貓

沃德和史基納並非歷史學家，他們承認無法透過歷史人物的成就和對人類的貢獻，來評估其真正的重要性。在他們認為合理的替代方案中，他們運用自己的數據分析能力，運行複雜的統計演算法，提煉出了數百萬網路用戶的觀點，這些觀點反映在當今用戶搜尋資訊的方式上。這項分析的基本假設是，維基百科上的條目，記錄了過去的英雄一生的工作，故而維基百科提供了反映這些英雄重要性的顯著統計證據。

兩位研究人員分析了維基百科上，八十多萬名男性和女性的條目，採用與Google在進行排名時所用的相同原則。他們還假設，在這份網路百科全書中，最重要的人物會有更長的條目，當今的名人會有更多的頁面造訪次數，儘管很明顯，其中大多數人在幾代之後，會被世人所遺忘。

研究人員將被遺忘的速度稱為**「名聲的半衰期」**（借用科學界的術語，「半衰期」指一個量減少到其初始值一半所需的時間）。沃德和史基納開發的演算法計算了所有因素，得出了每個人的歷史重要性排名。這是一項非常有趣的研究，研究結果發表在他們二〇一三年出版的《誰更偉大——歷史人物的真正排名》（*Who's Bigger: Where Historical Figures Really Rank*）一書中。

作者在對其排名方法的詳細描述中承認，他們在統計上面臨的主要挑戰有兩項：**一是區分名**

氣和重要性；二是創建一個從歷史角度評估當前名人名氣的指數。

他們對結果進行分析後發現，該方法確實產生了一份不過分重視當代人物的榜單：小賈斯汀排在第八千六百三十三位，就連歐巴馬總統也沒有進入前一百名（排列於第一百一十一位）。而牛頓在這份榜單上排名第二十一位，令人肅然起敬。

沃德和史基納從榜單的平淡無奇中，得到了極大的鼓舞。在他們看來，榜單上的名字是可以預測的，這保證了其真實性。前一百名中，有四分之一是重要的哲學家或宗教人士，八位是科學家或發明家，十三位是文學巨擘，三位是世界上最偉大的藝術家。

沃德和史基納將這份榜單與人類專家編製的兩份榜單進行比較後，進一步發現了這份榜單的品質，人類專家編製的兩份榜單，分別為麥可．哈特（Michael Hart）在其著作《影響世界歷史——100位名人》中列出的榜單，以及《時代》雜誌上發表的「千年十傑」（Millennium Top Ten）。沃德和史基納編製的榜單與這兩份較早榜單的相關性，均高於這兩份榜單之間的相關性。對於以維基百科為資料來源的權威性有所懷疑的人，將會很高興地得知，《自然》期刊發現，維基百科的「嚴重錯誤率」與著名的《大英百科全書》相似。

名列榜首的是許多公認的領袖人物，包括總統和探險家。事實證明，科學家和發明家的聲譽，超過了政治家和文化英雄。榜單中女性的比例很低：前五十名中只有兩位女性，前一百名中也總共只有三位女性。這些榜單還存在文化偏見，因為它們仰賴英文版的維基百科，所以自然會強調西方歷史上的英雄人物。

在編製總榜單的同時，研究人員還創建了許多子榜單，包括畫家（完全由文藝復興時期的畫家占據）、運動員、教宗和法官。在西方一百位最重要的作家排名中，也只有兩位女性——珍・奧斯汀（Jane Austen，第十一位）和艾蜜莉・狄金生（Emily Dickinson，第二十一位）。在美國作家和文學評論家丹尼爾・伯特（Daniel Burt）根據不同標準編製的類似榜單中，有三十九位作家同樣榜上有名。沃德和史基納也認為這是對他們量化排名方法的重要肯定。以下是排名前十的作家（以及他們在總榜中的排名）。

1 莎士比亞（總榜第四位）
2 狄更斯（總榜第三十三位）
3 馬克・吐溫（總榜第五十三位）
4 愛倫坡（總榜第五十四位）
5 伏爾泰（總榜第六十四位）
6 王爾德（總榜第七十七位）

7 歌德（總榜第八十八位）
8 但丁（總榜第九十六位）
9 路易斯・卡洛爾（總榜第一百一十八位）
10 亨利・大衛・梭羅（總榜第一百三十一位）

唯一進入五十位西方最傑出作家排行榜的當代作家，是史蒂芬・金，排名第二十位。

各國愛國者對於自己民族的英雄並未出現在一百位最重要歷史人物榜單上，表示失望，沃德和史基納對此感到很有趣。那些因自己的同胞在人類歷史上的地位並不顯赫而感到失望的人，其實忽略了這份榜單帶來的最重要的一課：

人類文化是如此豐富多彩，足以讓我們學會謙遜。

展望：前路茫茫

人類對噩耗、怒容和悲傷的回憶天生敏感。這種消極偏見是有用的，還是需要克服的？

我有一個好消息和一個壞消息。你想先聽哪個？如果是壞消息，那你就有伴了——大多數人都會選這個。但為什麼呢？

消極事件比積極事件對我們的影響更大。我們對它們的記憶更加深刻，它們在塑造我們的生活方面發揮著更大的作用。別離、事故、不良的教育方式、經濟損失，甚至是一句隨意的嘲諷，都會占據我們大部分的心靈空間，幾乎沒有空間留給讚美或愉快的經歷，來幫助我們跋涉在人生的艱難道路上。人類驚人的適應能力，確保了由加薪帶來的喜悅會在幾個月內消退，只為未來的加薪留下一個基準。我們能感受到痛苦，卻無法控制自己不感受痛苦。

全球數百項科學研究，證實了我們的消極偏見：好日子的影響，不會持續到第二天，而壞日子的影響，卻會持續下去。**我們處理負面訊息的速度，比正面訊息更快、更澈底，它們對我們的影響也更持久。**在社交方面，我們更努力在避免壞名聲，而不是在建立好名聲上投入更多。在情緒方面，比起體驗積極情緒，我們會花費更多努力來避免消極情緒。悲觀主義者往往能比樂觀主義者更準確地評估自己的健康狀況。在這個政治正確的時代，負面言論會顯得更加突出。人們——甚至只有六個月大的嬰兒——很快就能在人群中辨識一張憤怒的臉，卻很難找出一張快樂的臉；事實上，無論我們在人群中看到多少笑容，總是會先注意到憤怒的臉。

美國加州大學柏克萊分校至善科學中心的高級研究員、神經心理學家瑞克．韓森（Rick Hanson）指出，我們識別臉部情緒的機制，位於一個名為杏仁核的腦區，它反映了我們的整體天性：杏仁核中三分之二的神經元，專門用於處理消極資訊，它們會立刻做出反應，並將這些消極資訊存儲在我們的長期記憶中。這就是導致「戰或逃」（fight or flight）反應的原因，該反應是一種利用記憶，快速評估威脅的生存本能。相比之下，積極資訊需要整整十二秒才能從短期記憶轉移到長期記憶中。對我們的祖先來說，跳起來避開每根看起來像蛇的棍子，要好於仔細檢查後，再決定該怎麼行動。

我們的消極傾向，在口語中也有所體現，幾乎三分之二的英語詞彙都表達了事物的消極面。

在描述人的詞彙中，這個比例上升到了驚人的七十四%。英語並非孤例。除了荷蘭語，所有其他語言都存在消極傾向。

我們對消極情緒是如此熟悉，以至於它甚至滲透到了夢中。已故美國心理學家卡爾文・霍爾（Calvin Hall）在四十多年間，分析了成千上萬個夢境，發現最常見的情緒是焦慮；消極情緒（如夢見令人尷尬的場面、錯過航班，或受到暴力威脅時產生的情緒）比積極情緒更常見。一九八八年的一項研究發現，在當時的已開發國家居民中，美國男性夢到攻擊行為的比例最高，達到五十%，而對荷蘭男性來說，這個比例只有三十二%，顯然荷蘭男性是非常積極的群體。

美國普林斯頓大學的心理學家丹尼爾・康納曼，是最早探索人類消極傾向的研究者之一。一九八三年，康納曼和他的長期研究夥伴阿莫斯・特沃斯基創造了**「損失規避」（loss aversion）**一詞來描述他們的發現，即**人類對喪失的哀悼多於對獲益的享受。**失去金錢後的沮喪，總是大於獲得相同數目的金錢後的快樂。

曾任美國佛羅里達州立大學教授的心理學家羅伊・鮑梅斯特對這個概念進行了擴展。他在二〇〇一年寫道：「幾個世紀以來，文學作品和宗教思想都以善惡力量之間的鬥爭，來描繪人類生活。在形上學層面，邪惡是創造與和諧的敵人。在個人層面，誘惑和破壞性本能，與對美德、利他和自我實現的追求征戰不休。『好』和『壞』是兒童（甚至寵物）最先學會的詞語和概念。」在查閱了數百篇已發表的論文後，鮑梅斯特及其團隊報告稱，康納曼的發現延伸到了生活的各個領域，包括愛情、工作、家庭、學習與社群網路等等。他們在其開創性的同名論文中宣稱：**「壞比好更強大。」**

緊隨在鮑梅斯特的論文之後，美國賓州大學的心理學家保羅・羅津（Paul Rozin）和愛德華・羅伊茲曼（Edward Royzman）引用了「消極偏見」（negativity bias，或作負面偏誤）一詞，來反映他們的發現，即消極事件尤其具有傳染性。兩位研究人員在二〇〇一年的一篇論文中舉例，在與蟑螂短暫接觸後，「美味佳餚就變得無法食用了」。「相反的現象——讓自己喜歡的食物與盤子中的一堆蟑螂接觸，好讓蟑螂變得可食用——是聞所未聞的。更謹慎地說，想一想你不愛吃的食物：青豆、魚或其他。你能在食物上觸摸什麼，讓牠變得好吃呢？也就是說，有什麼能對抗蟑螂？沒有！」他們認為，**涉及消極事物時，只需要極少的接觸，就能傳遞其消極本質。**

在所有認知偏見中，消極偏見可能對我們的生活影響最大。然而，時代變了。我們不再在大草原上漫遊，不再時刻受制於大自然的嚴酷懲罰，也不再過著四處奔波的生活。在我們進化的過程中，本能一直在保護著我們，而現在，它卻常常成為一種拖累，威脅著我們的親密關係，破壞著我們工作團隊的穩定。

美國華盛頓大學的心理學家約翰・高曼（John Gottman）是一位研究婚姻穩定性的專家，他向我們展示了人的陰暗面是多麼具有破壞性。一九九二年，高曼發現了一個預測離婚的公式，只需與一對新婚夫婦相處十五分鐘，預測離婚的準確率就能超過九十％。他會在這段時間內，評估伴侶之間積極和消極表情的比例，包括手勢和肢體語言。高曼後來報告稱，想讓夫妻關係維持下去，夫妻雙方需要一個「魔法比例」，即至少**五項積極評價對一項消極評價**。因此，如果你剛因為某件家務事嘮叨完伴侶，一定要盡快表揚他五次。在最終離婚的夫妻中，此比例為三項積極評價對四項消極評價。而對令人嫉妒的和諧夫妻來說，比例約為二十比一——這對夫妻關係來說是件好事，但對需要誠實幫助的伴侶來說，可能就沒有那麼大的助益了。

其他研究人員將這些發現應用到了商業領域。例如，智利心理學家馬西歐・洛薩達（Marcial Losada）研究了一家大型資訊處理公司的六十支管理團隊。在效率最高的團隊中，員工每被批評一次，就會受到六次表揚。而在業績特別差的團隊中，消極評價幾乎是積極評價的三倍。

洛薩達與美國北卡羅萊納大學教堂山分校的心理學家芭芭拉・佛列德里克森（Barbara Fredrickson）根據複雜的數學原理，設計出了備受爭議的**「關鍵正向比例」**（critical positivity ratio），旨在提供三比一到六比一的完美公式。換句話說，研究人員稱，**聽到表揚的頻率是聽**

到批評的三至六倍，就能維持員工的滿意度、愛情上的成功，以及其他大多數衡量繁榮和幸福生活的指標。這篇論文的標題是〈積極情感與人類幸福的複雜動力〉（Positive Affect and the Complex Dynamics of Human Flourishing），於二〇〇五年發表於備受推崇的《美國心理學家》（*American Psychologist*）雜誌。

實現關鍵正向比例，很快成為正向心理學開發工具的一個重要組成部分。正向心理學是心理學的一個分支學科，其研究重點是，提升幸福感和復原力等積極指標，而不是治療消極因素，如精神障礙。然而，這個比例引發了反對的聲音，首先是英國東倫敦大學的心理學碩士研究生尼古拉斯·布朗（Nicholas Brown），他認為這個數學公式是無稽之談。布朗找到了美國紐約大學和英國倫敦大學的數學家艾倫·索卡爾（Alan Sokal），讓其幫助他在一篇題為〈異想天開的複雜動力——關鍵正向比例〉（The Complex Dynamics of Wishful Thinking: The Critical Positivity Ratio, 2013）的論文中，拆解這個公式。上述佛列德里克森與洛薩達合作發表的論文後來被部分撤回，佛列德里克森也全面否認了這項研究。

歸根究柢，我們頭腦中的消極偏見可能沒有辦法消除。如果我們無法透過讚美、肯定、魔法公式等方式來超越這種消極偏見，那麼也許是時候接受它賦予我們的優勢了——尤其是看清現實的能力，從而調整方向，求得生存。事實上，研究顯示，憂鬱的人可能更悲傷，但也更有智慧，正如山繆・泰勒・柯勒律治（Samuel Taylor Coleridge）所言。這種**「憂鬱現實主義」（depressive realism）讓憂鬱的人對現實有更準確的認識，尤其是在評估自己在世界上的位置和影響事件的能力方面。**

說到解決世界舞臺上的衝突，消極偏見必定是其中的一部分。國際爭端不會僅僅透過積極思維來解決，還需要大量的現實主義。歸根究柢，我們需要兩種視角，來幫助我們共用資源、和平談判及和睦相處。美國內布拉斯加大學林肯分校的政治學家約翰・希賓（John Hibbing）領導的研究小組，於二〇一七年六月發表於《行為與腦科學》（*Behavioral and Brain Sciences*）期刊的一篇文章指出，保守派和自由派之間的差異，可以在某種程度上，透過他們對環境中消極因素的心理和生理反應來解釋。作者稱，與自由派相比，「保守派傾向於對消極刺激做出更強的生理反應，並為此投入更多的心理資源」。這或許可以解釋，為什麼傳統和穩定的支持者，常常與改革的支持者相對立，以及為什麼兩者之間的拉鋸戰——中間立場——常常是我們最終的歸宿。

二〇一三年十一月，丹尼爾・康納曼用希伯來語接受了新以色列基金會（New Israel Fund）的採訪，以紀念國際人權日。在採訪中，他談到了消極偏見可能對以巴和談產生的影響。他聲稱，這種偏見鼓勵鷹派觀點（通常強調風險或即時損失），而不是鴿派建議（強調未來獲益的機會）。他認為，最好的領導者會提出一個願景，即「未來收益」足以彌補冒險追求和平所帶來的風險——但在分歧的雙方，如果沒有魔法公式，消極因素總會占上風。

冰冷的手，還是溫暖的心

給形成我們對他人看法的特徵排序。

我們如何形成對某個陌生人的看法？幸運的話，對方所說的某些話會為我們提供一個起點。否則，這個人的臉部特徵、肢體語言及我們的偏見會結合起來，共同幫助我們快速形成印象。心理學家在二十世紀四〇年代初開始，研究的一個問題是：**一個人留給別人的印象，是由多個人格特徵決定的，還是可以追溯到一個突出的特徵？**而這個特徵比其他特徵，更能塑造我們對這個人的印象。

所羅門．阿希（Solomon Asch, 1907–1996）是社會心理學的先驅之一，他在一九四六年進行了一系列經典實驗，試圖確定人們是如何形成對他人的看法。在一項實驗中，阿希向兩組參與者分發了性格特徵清單。第一組收到的某個人的特徵清單是：聰明、靈巧、勤勞、熱情、果斷、務實和謹慎。第二組收到了同樣的列表，但有一點不同——這個人被描述為「冷漠」，而不是「熱情」的。參與者被要求根據清單上的特徵，簡要描述他們對此人的總體印象。阿希發現，調換「熱情」和「冷漠」這兩個詞，對參與者產生了決定性的影響。第一組參與者對此人的印象要好得多。

阿希還向參與者提供了包含其他相反個人特徵的清單，如可靠／不可靠、堅定／不穩定等，並試圖評估它們如何影響印象的形成。他發現，加入「熱情」或「冷漠」的字眼時，許多其他特徵的重要性會突然發生變化。參與者認為性格「熱情」的人慷慨、快樂、富有想像力、幽默，甚至長得好看。雖然「熱情」和「冷漠」會產生巨大的影響，但其他相反的特徵，如「禮貌」和「直率」，對印象的形成沒有任何影響。

在四十年後進行的另一項著名實驗中，一位「客座教授」出現在兩百四十名學生面前，這些學生事先收到了這位教授的詳細情況介紹。在講座前，其中一半學生收到的資訊頁中，將客座教授描述為一個「熱情」的人，而另一半學生收到的資訊頁中，將客座教授描述為性格「冷漠」。課後，學生被問及對客座教授的看法。與第二組學生的描述相比，第一組學生認為客座教授授課更有效、更和藹可親、不那麼暴躁、更幽默、不那麼拘謹，總之更有人情味。不用

如何在黑暗房間找一隻黑貓

說，所有參與者都參加了同一場講座。早期實驗已經發現，在由被描述為「熱情」的人主持的討論中，學生的參與率（五十六％）高於由「冷漠」的人主持的討論（三十二％）。

自阿希以來，許多行為科學家一直在努力破解人類的奧祕，即我們究竟是如何形成對他人的看法，也許更重要的是，他人是如何決定對我們的看法。一項具有里程碑意義的研究發現，**形成我們對他人看法的兩個主要特徵，是熱情和能力。**如果我們在評價他人時，專注於這兩方面，那麼我們就會對熱情、能幹的人感到欽佩；對熱情、無能的人感到同情；對冷漠、能幹的人感到羨慕；對冷漠、無能的人感到鄙視。

傑佛瑞・古德溫（Geoffrey Goodwin）及其賓州大學的同事，在《個性與社會心理學雜誌》（*Journal of Personality and Social Psychology*，二〇一四年一月）發表的一篇文章中，重新審視了印象形成的問題，並提出對品德的感知是首要因素，比對溫暖的感知影響更大。在其中一項研究中，研究人員將目光投向實驗室之外的現實世界：他們研究了訃告，以瞭解報紙編輯如何悼念逝者，以及訃告中的資訊，如何影響不認識逝者的讀者的觀點。至少一千兩百八十九人參與了這項實驗。他們被要求閱讀《紐約時報》在二〇〇九至二〇一一年刊登的兩百五十篇訃告，並對這些訃告做出回應，這些訃告刊登在紀念名人或對社會有突出貢獻者的專欄中。不知是由於社會歧視，還是其他原因，這兩百五十位傑出人士中，有一百九十三位男性，只有

五十七位女性。這份名單具有廣泛的種族和民族多樣性，因為只有在生前獲得一定程度的國家或國際認可的人，才能進入訃告名單。

研究人員之所以選擇訃告專欄，是因為其內容相對豐富，包括對逝者性格的大量描述（相較於付費死亡通知）。兩百五十位知名人士的訃告，通常引用朋友和家人的敘述，囊括了有關逝者的社會生活、成就、愛好等方面的情況。平均而言，每篇訃告約有一千五百字。

兩名研究助理受僱對訃告中的資訊進行編碼，但他們未被告知此項研究的目的。他們閱讀了每篇訃告，並以1~9的等級，對訃告中描述的人的能力（或無能）、道德（或不道德）和社交熱情（或冷漠）程度進行了評分，同時還給出了他們對該已故知名人士的總體印象。

在實驗的下一階段，每位參與者都會得到三篇訃告供閱讀。特別長的訃告——如史蒂夫·賈伯斯的訃告——以及其他十幾篇訃告（參與者可能已對該逝者形成看法），都被從名單中刪除了。每篇訃告平均由十六位參與者進行評分。

從這時起，電腦接管了工作，用先進的統計工具進行程式設計，分析這些回答中的各種相關性。研究結果證實了一個假設，即**訃告主要強調的是逝者的品德，而不是他們的熱情和社交能力**。然而，更重要的是，訃告給參與者留下的總體印象，與訃告中描述的道德特徵的相關性，要高於這種總體印象與逝者的社交熱情程度之相關性。

謹慎的研究人員再次對資料進行了分析，以抵消訃告本身的影響，即訃告自身包含了更多關於逝者道德方面的資訊，而不是關於其熱情和社交能力的資訊。結果依然不變，而且與阿希等人的研究結果背道而馳——至少在我們如何形成對逝者的看法方面是這樣。**不僅訃告作者更重視描述品德，而非熱情和善於交際，讀者對逝者的總體看法也主要基於他們的品德，而不是他們生前表現出的溫暖人心的個性。**

那麼，我們究竟是如何決定自己對他人的看法（他人又是如何形成對我們的看法）？也許這兩種觀點都是正確的：

當我們與某人面對面時，熱情是形成印象的決定性因素；而當我們在報紙上讀到關於某人的報導時，其品德則變成了決定性因素。

我見過快樂的保守派

區分自由派和保守派的「心理動力」是什麼？

「一盎司代數勝過一噸口頭爭論。」工程師兼數學家約翰・梅納德・史密斯（John Maynard Smith）常常引用博物學家和進化生物學家霍爾丹（J. B. S. Haldane）的這句話。他也親身實踐著這個觀點。二十世紀六〇年代，史密斯曾經試圖用數學工具，來回答一個困擾動物行為生物學家的問題：我們如何解釋那些喜歡退讓、避免與其他動物發生衝突的動物的「莊重、近乎騎士般」的行為？

史密斯選擇從博弈論的角度來闡述這個問題：假設某個自然物種的兩個亞種在爭奪相同的資

源，如食物。其中一個亞種——史密斯在越南戰爭期間稱之為「老鷹」（hawk）——選擇了一種好戰的策略，即在每次接觸時，首先表現出攻擊的跡象，然後進行一場鬥爭，在這場鬥爭中，它不是取得勝利，就是受到致命的傷害。另一個亞種，史密斯稱之為「鴿子」（dove），選擇的是避免衝突的策略。

在遊戲中，首次接觸時，鴿子確實會表現出攻擊性，但如果對手決定與牠對抗，牠就會逃到安全的地方。若老鷹遇到了鴿子，老鷹就會贏得所有的食物。如果老鷹遇到的是另一隻老鷹，牠有一半的機率會贏。假如鴿子遇到了老鷹，即使沒有受傷，牠也會逃走，什麼也得不到。如果鴿子遇到的是另一隻鴿子，牠們會共用食物。在這個遊戲中，兩個亞種相遇的頻率，根據牠們的種群數量決定。

史密斯的重要貢獻在於，他理解到，**確保物種間進化穩定性的策略，也確保了每個物種的生存**。史密斯還成功計算出老鷹和鴿子數量之間的平衡點，該平衡點確保了博弈中，所有參與者的收益（食物）和損失（受傷和浪費的時間）之間的完美平衡。即使對博弈論一無所知的人也能明白，如果沒有鴿子，老鷹就會自相殘殺；如果沒有老鷹，鴿子的數量就會增加，直到沒有足夠的食物供所有鴿子食用。為了鳥類種群的整體利益，老鷹和鴿子必須並存。

保守的遺傳學和自由的心理學

鷹派和鴿派在政治思想上，與民主本身一樣歷史悠久。從雅典和斯巴達時代，到當今幾乎所有國家的主要政黨，歷史上都有關於這個基本政治模式的記載。在公開討論政治觀點的文化中，關於傳統與創新、進步與穩定或「我們與他們」的爭論一直存在，並將繼續存在。引發戰爭、讓家庭節日聚餐陷入糟糕境地的常見原因，就是保守派與自由派、鷹派與鴿派，或者左派與右派之間古老的意識形態之爭——這些只是兩大陣營的一些常見名稱。然而，為什麼有些人採納自由主義世界觀，而有些人選擇保守主義世界觀，這個問題仍然懸而未決。

保守派與自由派有許多不同之處，從藝術品味到秩序性（保守派下班後，會把桌子收拾得乾乾淨淨）。自由派可能更樂觀，但保守派似乎更快樂、更少神經質。腦科學家告訴我們，保守派和自由派在進行風險決策時，使用的是大腦的不同區域，而且自由派大腦中的灰質數量更多。即使我們願意相信自己的意識形態立場，是在理性評估事實和他人意見的過程中形成的，但愈來愈多的研究證明我們錯了。

政治與遺傳學看似互不相干，但在這個已經破解了人類基因組祕密的科學時代，試圖將兩者聯繫起來是自然而然的事情。回顧一下這個相對年輕的科學領域的發展歷程，我們就會發現，第一項里程碑式的研究出現在一九七四年，當時正在進行一項實驗，目的是將同卵雙胞胎在死刑、失業、工會和墮胎等問題上，立場的相似性與共同的遺傳基礎聯繫起來。

三十年後，約翰・阿爾福德（John Alford）帶領的科學團隊宣稱，美國政治意識形態的差異至少有四十三%可歸因於遺傳因素。科學家承認，並不存在直接導致政治立場形成的單一基因，但他們斷言，**遺傳學透過影響而形成這些觀點的認知和情感過程，對政治立場產生間接影響**。心理學家和統計學家都對該研究結果持保留態度，並對雙胞胎研究的可靠性表示懷疑，而雙胞胎研究是遺傳學研究的常用工具。批評者稱，周遭環境對待同卵雙胞胎和異卵雙胞胎的方式截然不同，異卵雙胞胎是此類研究中的對照組。

社會心理學家約翰・約斯特（John Jost）於二〇〇三年提出了不同的模型，以理解自由派與保守派之間的差異。在對八十八項該領域已發表的研究進行統合研究（meta-study，對先前研究的比較）後，約斯特指出，保守派的特點是對死亡高度焦慮、需要確定性，以及無法應對模糊性。他說：「保守主義的核心意識形態，強調抵制變革和為不平等辯護，其動機是……出於管理不確定性和威脅的需求。」他從心理學角度，進一步擴展了這個主張：穩定和等級制度為保守主義者提供了一種舒緩的強化和抗衝擊的結構，而變化則可能預示著無序和意外危險。約斯特及其同事的研究受到了廣泛的批評，但約斯特堅持自己的觀點。在四年後的一項後續研究中，他再次宣稱，管理不確定性和威脅的心理需求，是我們政治傾向的基礎。保守派希望在他們認為充滿威脅的世界中，盡可能地避免不確定性，因此他們需要秩序，不願意接受新的體驗。管理不確定性的願望，也是保守派傾向於更快做出決定的原因，無論他們的認知能力如何。

在下一階段，研究人員試圖瞭解自由派和保守派的政治觀點與人格特質之間的關聯。他們選擇了一個公認的人格定義，該定義基於五種主要特質，即所謂的**「大五人格」：對新體驗的開放性、盡責性**（願意努力工作、有責任感和專注力）、**外向性、宜人性和神經質**。研究發現，**與政治傾向最相關的兩種特質，是對新體驗的開放性和盡責性。**

研究人員以科學的名義，在研究參與者的家中和辦公室裡進行觀察，並根據他們設計私人空間的方式，尋找他們意識形態偏好的線索。研究發現，保守派的房間更加乾淨、整潔，他們明亮的辦公室裝飾簡單，通常不如自由派舒適。相比之下，自由派的臥室裡有更多的書、地圖、旅行文件和音樂製品，包括世界各地的音樂。他們的辦公室色彩更豐富，書也更多。研究人員證實，**自由主義者更樂於接受各種體驗。**這項研究的讀者可能會認為，如果保守派害怕混亂的世界，那麼自由派則害怕缺少情感和體驗的世界。

二〇〇八年，著名的《科學》（*Science*）雜誌發表了一項十分重要的觀察結果，有助於人們對這個主題形成更廣泛的認識。科學家利用眼動追蹤設備和皮膚電導感測器發現，那些**自我定義為保守派的人，對消極刺激的反應更強烈**。在中性圖片中插入以下圖片——超級大蜘蛛趴在驚恐的人臉上、血流滿面的人陷入昏迷，以及開放性傷口裡長出蛆蟲，會使連接在參與者身上的敏感儀器指針跳得更厲害。這組參與者聽到巨響時的驚嚇反應也更明顯。

研究人員得出結論，保守派很快就能注意到消極資訊，會花更長的時間去關注它，也更容易被它分散注意力。這種現象源於進化，在早期，快速反應意味著保守派會存活下來，而自由派可能會死亡。這也解釋了為什麼那些在生物學上傾向於抵禦威脅的人，在政治立場上更傾向於支持發展軍事力量、限制移民（被視為傳播疾病）、反對同化並支持嚴厲執法。然而，重要的是要明白，從科學的角度來看，這兩種方法當然都沒有優勢。此外，如果愛因斯坦說得對，「我們不能用造成問題的思維方式來解決問題」，那麼追求創新對我們生存的重要性，就不亞於對威脅的敏感性——對威脅敏感是過去進化的結果。

二〇一四年發表的一篇文章延續了這個觀點，試圖明確找出區分保守派和自由派的核心因素。作者（其中一些人參與了本文提及的其他研究）聲稱，雖然有許多特質可以區分保守派和自由派的反應，但「組織因素」（organizing factor）——其他因素所圍繞的核心特質——確實是對消極環境因素的不同生理和心理反應。保守派受其影響要大得多，他們傾向於對消極刺激

做出更多反應，並為此投入更多的心理資源。與此相反，自由派受到消極因素的威脅較小，這種行為模式與他們試圖研究新的生活方式，並加以管理的傾向相一致，即使以社會對威脅和混亂的敏感性為代價。

研究人員這樣總結他們的工作：「我們可以合理地假設，**那些對消極刺激有更強生理或心理反應的人，傾向於支持能最大限度地減少所感知威脅的公共政策**，因為這種政策重視過去的傳統解決方案，限制人的自由裁量權（支持像自由市場這樣，不涉及慷慨、體貼，或利他主義表達的想法）。為此，這種政策還以犧牲外部群體（『他們』）為代價來推動內部群體（『我們』）的發展，並採取由權威人士制定的，決定性的統一政策。」消極偏見之所以能成為一種方便的研究診斷工具，原因之一是人們在看待與之相關的問題上，所表現出的巨大差異。

發表這篇文章的雜誌《行為與腦科學》有個令人耳目一新的做法，那就是在發表特別有趣或有爭議的文章時，也發表其他研究人員對其結論的回應。在針對這篇論文發表的二十六篇文章中，有二十二篇支持其結論。另外四篇也接受了文章的主要觀點，但希望改進「消極偏見」一詞的定義，以及文章所涉及的保守派和自由派之間的具體差異。

任何對競爭激烈的科學研究界稍有瞭解的人都明白，這是一種全面的支持。這篇文章的作者和評論者的共識是，保守派和自由派可以根據一種人格特質來區分，這種人格特質不僅表現在

如何在黑暗房間找一隻黑貓

心理特徵上，還表現在生理特徵上，有時甚至表現在遺傳特徵上。十多年來，約翰・約斯特一直在等待自己的早期研究成果得到證實，他就是回應者中的一位著名人物。

撰寫這篇文章的約翰・希賓及其同事，在一本書中總結了他們的觀點，該書於二〇一三年出版，書名為《先天註定——自由派、保守派和政治分歧的生物學》（*Predisposed: Liberals, Conservatives, and the Biology of Political Differences*）。希賓在新書發布會上接受採訪時說：「保守派經常說『自由派不懂』，而自由派則堅信保守派只會增加威脅感。兩者都是對的。」他還補充：「如果我們能讓人們像看待性取向、左撇子或右撇子一樣看待政治，也許我們就能更加寬容一些。」

鷹不群集

希賓及其同事的工作，構成了史密斯在其開發的鷹鴿模型中，所發現的生物平衡的心理反映。社會需要這兩種人：**保守派保護我們的社會免受剝削與攻擊，而自由派則透過鼓勵創新和對新體驗的開放性，來推動我們前進。「對外界影響持開放態度」的人和「試圖阻止與外界聯繫」的人相結合，社會將從中獲益**——即使是一群蜘蛛，也會從善於交際和不善於交際的蜘蛛

的共存中得到好處。

內化了這一點的人肯定也能理解，與自己意見相左的人並非膚淺、無知或懷有錯誤的意圖。他們只是以與我們不同的方式體驗世界，處理自己的經驗，並做出適當的反應。我們每個人對社會結構都有自己的道德偏好——有些人喜歡等級制度，有些人偏好平等主義；有些人支持嚴懲違法者，有些人比較寬容；有些人對外部群體充滿好奇和興趣，有些人將其視為威脅。

也就是說，透過對話使保守派和自由派達成一致的想法是不現實的。更實際、更理性的做法，是**承認我們之間的差異**，意識到這些差異的根源，承認我們注意到的是不同事物的事實。也許這樣我們就會做好妥協的準備，明白這是實現我們利益的最佳途徑。

此外，重要的是要明白，我們的意識形態立場，代表的只是一個連續體上的點，而不是適用於我們個人和國家議程中所有主題的清晰、明確的世界觀。事實上，有些研究關注的是兩個陣營成員的共同點。其中一項研究，考察了在一個婚介網站註冊的保守派和自由派的期望。結果發現，每個人都在尋找同樣的東西：與自己相似的伴侶。

加拿大溫尼伯大學進行的另一項研究，發現了更多意想不到的相似之處。如果你認為保守派傾向於服從，而自由派傾向於反抗，不太順服，那你就錯了。根據這項研究，雙方都同樣重視對權威的服從，但在哪些權威值得服從的看法上存在差異。

保守派和自由派的另一個共同點，是**傾向於誇大對立群體道德立場的影響力**。雖然自由派和保守派在各種道德問題的看法上確實存在差異，但雙方都高估了這種差異的程度，並透過這種方式，強化了對於對方的刻板印象。**瞭解自由派和保守派比他們認為的更相似，是雙方消除敵意、建立信任之橋道路上的重要里程碑**。

然而，在將最新的心理學研究成果，轉化為保守派和自由派在社會與國家層面實現和解的過程中，一些重要的問題出現了。幾乎所有的國家，鷹派對政治決策者的影響力似乎都大於鴿派。造成這種現象的原因在於，決策者及其顧問受到各種認知偏見的影響，這種影響在戰爭期間表現得尤為明顯，令人不安。交戰雙方都傾向於誇大敵方的敵對意圖，錯誤評估敵方對自己的看法，在敵對行動開始時，表現出毫無根據的樂觀，在戰鬥結束後的談判中，頑固地拒絕做出任何讓步。這些認知偏見促使了戰爭的爆發，也阻礙了戰爭的快速結束。

在二〇〇七年《外交政策》（*Foreign Policy*）雜誌上發表的一篇文章中，丹尼爾・康納曼描述了一長串認知偏見，這些認知偏見導致決策者更加重視鷹派顧問的意見。康納曼稱，鷹派對自己很有自信，不相信「另一方」，他們講述的故事，比現實世界中的任何故事都更簡單、更連貫。這類似於「狐狸」與「刺蝟」的故事，正如以撒・柏林（Isaiah Berlin）在一九五三年發表的一篇題為〈刺蝟與狐狸〉（The Hedgehog and the Fox）的文章中所寫：「狐狸知道很多事

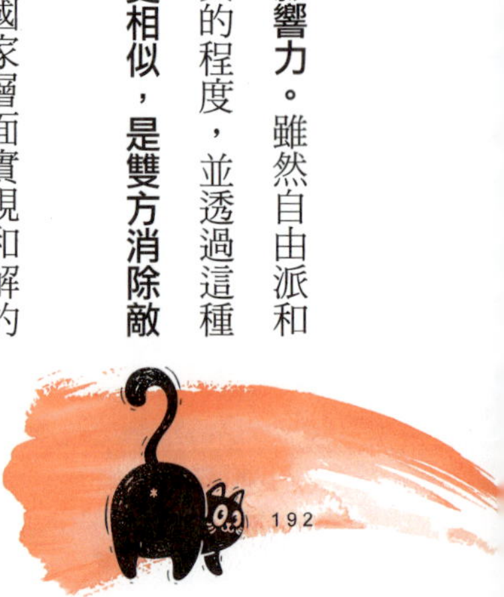

情，而刺蝟只知道一件大事。」

為鷹派作風提供支持的一個核心的認知偏見是，我們傾向於將他人的行為判斷為其本質的反映（例如「他們是一個為達目的不擇手段的宗教團體」），而我們自己的行為總是對環境的反應（例如「我們已退無可退，所以我們不得不做出回應」）。當然，問題在於對方也是這樣想的。如今還有誰記得，第一次世界大戰的所有參戰方都認為自己的威脅性低於對手？

另一個眾所周知的認知偏見是人類的樂觀主義所固有的，它已經對人類造成了慘重的損失。這種偏見是發動戰爭的根源，在顧問、領導人和軍人身上都可以找到。在第一次世界大戰中，所有參戰方都相信自己能在聖誕節前回家——他們只是忘了說是哪一年的聖誕節。法軍司令諾埃爾．德．卡斯特諾將軍（General Noël de Castelnau）在這場人類歷史上最具破壞性的戰爭爆發前宣稱：「給我七十萬士兵，我將征服歐洲。」

如前所述，**除樂觀主義外，我們還會在各種情況下過度自信、誇大自己的掌控力**。就像我們確信自己的駕駛技術高超，或在法庭上提供了更有力的證據一樣，顧問和領導人也相信，他們在權力平衡上占優勢，一旦戰爭開始，他們就能成功地控制戰爭的進程。

甚至在戰爭結束，雙方都開始總結自己的損失之前，鷹派就已經能夠表現出人類的另一種認知偏見。如果面前有兩個機會：獲得確定的收益，或者冒著失去一切的風險獲得更大的收益，我們會選擇確定的收益。然而，當面對損失時，我們的表現就不同了：在這種情況下，我們願意賭一把，即使冒著更大的風險，也要設法止損。由於雙方決策者都受到這種認知偏見（厭惡損失）的影響，戰爭被不必要地延長了，對立雙方就像賭徒難以離開賭場一樣，難以放棄戰場上的「賭博」，以追求減少自己損失的可能性。

康納曼提到的最後一個認知偏見是，由於我們對收益和損失的態度不同，我們很難透過談判解決衝突。根據康納曼的展望理論，**我們需要雙倍於特定損失的收益，以補償損失帶來的情感痛苦**。由於我們將談判中放棄的東西視為損失，而將得到的東西視為收益，因此我們需要得到至少兩倍於自己所放棄的東西，才能感到滿意。唯一的問題是，對方也有同樣的感受。

康納曼明白，這並不意味著鷹派總是錯的。他只是認為鷹派的說服力過強。在鷹派和鴿派之間的長期爭論中，似乎我們真的需要鷹派——能夠超越偏見，看到真正的威脅，同時也能發現機遇的領導者，即使其中存在不確定性。問題是，正如羅斯·佩羅（Ross Perot）所說，**鷹不群集。你每次只能找到一隻。**

馬太效應

催生不平等的神祕引擎。

「馬太效應」（Matthew effect）指的是已經擁有優勢地位的人善於擴大優勢，享受額外的回報，而處於弱勢地位的人，就連僅有的那一點也容易失去。簡而言之，這是一種自我增強的循環，富人更富，窮人更窮，直到贏家通吃。

這個術語，是美國哥倫比亞大學的社會學家羅伯特・莫頓（Robert Merton）於一九六八年創造的，他在學術研究領域發現了該現象。他注意到，知名研究人員因其知名度而得到關注和榮譽，而沒有名氣的研究人員提出的新觀點，卻被重要期刊的編輯拒之門外。同樣地，重要獎項總是頒給參與研究的資深研究人員，即使大部分工作是由初級研究人員完成的。一九八七年的諾貝爾經濟學獎，頒給了美國麻省理工學院的羅伯特．梭羅（Robert Solow），儘管同年，知名度較低的崔佛．斯旺（Trevor Swan）也發表了相同的研究成果。二〇〇〇年的諾貝爾化學獎也是如此。這種現象在學術生涯的早期階段就會出現：誰有幸進入更有名氣的大學，誰就能享受更優秀的研究助理團隊、更先進的設備和更易獲取的研究基金。在經濟不景氣的年分進入就業市場的學生，註定會在整個職業生涯中拿到更少的薪資（與在經濟繁榮時期開始工作的畢業生相比）。

研究人員在許多領域都發現了馬太效應的影響。例如，孩子在上學期間，平均每天透過聽或讀，掌握十個新詞。他們之間的差距很大，閱讀量大的孩子接觸的詞彙也更多。隨著時間的推移，詞彙量豐富的孩子和詞彙量貧乏的孩子之間的差距會愈來愈大。不僅如此，詞彙量豐富的孩子還能得到最好的指導，有時會進入資優班，關愛學生的教師也會對他們投以最大的教育關注。總之，好學生會變得更好。

在《異數》一書中，麥爾坎．葛拉威爾調查了傑出冰球運動員的成長環境。他的調查記錄了一個有趣的現象：在分析傑出冰球運動員的出生日期時，葛拉威爾發現他們大多數都出生在當年的第一季度。解開這個謎團並不需要複雜的實驗設備。葛拉威爾解釋，當這些球員開始上

學，他們的體型會高於其年齡組的平均水準。這個看似微不足道的優勢，足以讓他們在被選入年齡組代表隊時略勝一籌，因而獲得更多練習和上場的機會。優勢帶來了機會，而機會使優勢進一步擴大，新的優勢又創造了新的機會，如此往復，直至培養出一名真正的傑出球員。葛拉威爾稱，**異類「無一例外都是隱性優勢的受益者」**，但這個等式的另一邊，卻是人類天賦的悲哀，這些天賦之所以沒有得到展現，只是因為其起點不夠好。

在經濟方面，馬太效應讓人聯想到複利的力量——當一項經濟投資所產生的利息被再投資時，其增長速度令人目眩神迷。富人是這個現象的主要受益者，他們享受各種特權和利益，但主要是因為他們占據了良好的起點，能夠掌握比別人更多的商機。但是，這種效應對個人財富的影響與對國家的影響相比，就顯得微不足道了：如果說一九一七年世界首富洛克菲勒（Rockefeller）的財富足以支付美國的全部國債，那麼今天比爾・蓋茲的財富，甚至還不夠支付這筆債務兩個月的利息。

馬太效應是加劇社會不平等的引擎，但它並非無可更改，我們可以透過設定不同的社會優先事項來加以抑制。如果我們繼續認為不計代價的經濟增長就是一切，哪怕只有少數人能夠享受經濟增長的成果，而很多人卻背負著代價，那麼馬太效應必將使不平等的程度加大，達到讓社會難以為繼的程度。

官僚「頌」

是什麼賦予了世界各地的官僚權力？

一六〇〇年，發生在戰略要衝關原的一場戰役，決定了日本的命運。德川家康寡不敵眾，但在說服了幾名敵軍將士向自己倒戈後，他還是占據了上風。這場勝利為他贏得了幕府將軍之位——日本最高統治者。在他所建立的王朝統治的兩百多年裡，日本局勢穩定，文化空前繁榮。武士，致力於保護自己的貴族主人的戰士，從菁英階級跌落，他們發現自己既沒有主人，也沒有戰爭。他們成了官員、法官、稅務官、警察局長和辦事員——官僚機構——的僕人，這與他們所熟悉的世界大相逕庭，而他們曾為那個世界接受過長期的訓練。他們難以適應，尤其是這意味著經濟上的損失。多年來，武士一直保持著慣有的忠誠，為主人復仇，並在主人的墳墓前自盡。然而，隨著時間的推移，他們屈服於幕府將軍，轉而效忠於國家及其機構。保持傳統的唯一辦法就是修習武術，但武術卻無法派上用場。正是在這一時期，紀律和服從逐漸成為日本文化的核心。這個歷史事例，說明了**官僚結構如何迫使個人改變自己的行為模式，改變自己從小養成的一切，甚至在許多方面改變自己的情感構成。**

美國作家戈爾．維達爾（Gore Vidal）說：「官僚有一種不喜歡詩歌的特質。」的確，大多數官僚的心理結構與社會上的其他人不同。他們從所服務的組織中汲取認同感，有時甚至不惜模糊個人界限。官僚組織不允許其職員自由評價是非對錯、道德與否，因此官僚不受其內在價值體系影響，不被其指導行動，他們的職業道德與情感世界是分開運作的。這也是為什麼官僚往往不能被善良、公平或正義左右。他們按程序或法律條文辦事。自由裁量權不在他們的職位描述中，也並非確保晉升的因素。我們沒有什麼理由去羨慕官僚：許多官僚在被要求以組織身分替代個人身分時，都會經歷危機。他們對自己的個人身分依賴於雇主，對放棄自由裁量權，特別是放棄價值判斷感到沮喪。在這個世界上，人與人之間的每一次接觸都會產生情感的表達，但官僚被要求把感情留在家裡。

在我的職業生涯中，遇過很多官僚，但幾乎每當我試圖以自己慣用的商務模式向他們解釋我的立場，都以澈底的失敗告終。最終，我意識到，官僚與商人在本質上是不同的，因此也有不同的考慮。**商人在意的是最終結果，而官僚關心的是過程**。如果說企業家是將不可能變為可能的人，那麼許多官僚將可能變為不可能的技藝已臻化境。

官僚沒有什麼可以獲得的，卻可能會有所損失。他們的工資並不能激勵他們在決策中冒不必要的風險，因成功冒險而得到獎金是遙不可及的夢。他們主要致力於最大限度地降低個人成本。官僚就像一個風向標，能發現危險最小的風從哪個方向吹來。只有指出不同方向上存在更大風險，才能改變他們的行為。之後他們可能會做出有利於申請人的決定，因為在特定情況下，申請人的請求似乎風險較小。

一種常見的策略是威脅要起訴拖延決策的人，要求賠償損失。不過，如果你瞭解官僚的心理，就不必走到這一步。我有個生意上的熟人曾經講過，在一起協力廠商利用內幕資訊的案件中，他作為證人，接受美國證券交易委員會（美國金融監管機構）質詢。證券交易委員會的律師在質詢時，急於證實自己的懷疑，因此不斷重複證人所說的話，偶爾還故意錯誤引用他的話，以此作為一種詢問技巧。我的這個熟人厭倦了糾正他，決定透過引入新的風險來改變他們之間的權力平衡。「如果你繼續不精確地引用我的話，我就會開始說得非常慢，你會被困在辦公室裡，直到五點以後。」這個意想不到的風險就像魔法一樣起了作用，質詢很快就結束了。

第四篇

人海獨行

我、本人和我自己

自戀者作為社會性動物的悲哀。

三月下旬，巴黎的天氣涼爽，太陽剛剛升起，我一大早便出門跑步。三十分鐘後，我決定折回飯店。我迅速爬上塞納河畔的樓梯，來到巴黎聖母院旁邊的街道。從河面看過去，這座城市的美景如霧裡看花，逐漸地，晨起的行人出現，路面上幾輛汽車暢行無阻，讓這座城市變得生機勃勃。在新環境中，首先迎接我的是一塊亮起的看板。起初，我幾乎沒有注意到它，但廣告中有些令我在意的東西讓我駐足停步，我退後幾步，再仔細看了看。

我站在看板前，上面是一張裱框好的照片。照片上，一位年輕女子隨意地披著鮮豔的酒紅色布料，斜倚在一張破舊的沙發上。她優雅而時髦的衣服，鬆垮垮地掛在身上，露出修長的雙腿；沉重的珠寶首飾從她纖細的關節處垂落下來。她一隻手撐著沙發，頭微微傾斜，看向另一名女子的頭部，後者以相同的姿勢回應，頭也微微斜著。

天才廣告商達到了目的：我中斷了晨跑，走近照片仔細端詳。然後我意識到，照片上並沒有別的女人。照片上的模特兒久久地注視著鏡子中自己的臉。

當我回到單調的跑步節奏時，心想，這則巴黎著名時裝店的廣告，表達了時代精神。時代已經改變，不再需要用動物的性腺提取香水以吸引異性的注意。女性透過精心打扮來吸引男性和其他女性的日了也一去不復返了。如今，我們似乎只需悅己。十六歲的孩子吹噓自己在一個月內，積累了三千名Facebook好友；賽車手在一場重要比賽中，違抗車隊經理，超過了隊友；公司高管不理會他人，只顧自我膨脹——他們之間有什麼共同點呢？他們都站在同一池水邊，顧盼著自己的社交倒影。歡迎來到全球自戀之湖。

曾幾何時，我們更善於與人交往

有史以來，人類一直採取一種以文化為基礎的生存策略：一種由信仰、價值觀、習俗、儀式和符號組成的共識體系，作為人們處理社會關係的基礎。個人的地位在很大程度上，是由文化決定的，文化則隨著人類面對新的挑戰而不斷變化。十五萬年前，在非洲大草原上，人們如果不屬於某個部落，就不可能生存下去，而今天，社會歸屬滿足的是人們的其他需求，主要是心理需求。

事實上，如果我們試圖定義某個特定的個體，就會發現若不提及其他人（一般是該個體所屬群體的成員），我們就無法做到這一點。在許多哺乳動物中，群體中個體之間的區別，是透過社會結構中的等級制度來實現的，這一點在靈長類動物中尤為突出，包括一些與人類特別接近的物種。

自然研究人員已經發現許多其他物種的社會行為，包括一些在發展水準上與我們相距甚遠的物種。狼會以相對公平的方式與狼群中的其他成員分享食物，並依靠牠們的幫助撫養後代。在馬、大象、鬣狗和海豚中，我們可以觀察到持續多年的友誼。一項研究發現，一百二十隻牧羊犬的社交行為，幾乎與人類無異，甚至比大自然中最優秀的合作者——黑猩猩——更加社會化。

早在二十世紀初，心理學家阿德勒就提出，**對歸屬的基本需求具有進化生存的優勢**。他還斷言，我們活動的主要動機是社會性的（不一定像他的前輩佛洛伊德認為的那樣是由性驅動的），**歸屬感是人類的一種深刻需求**。阿德勒的假設，最近在美國賓州大學的兩位動物行為

研究者的工作中引起了共鳴。桃樂絲・錢尼（Dorothy Cheney）和羅伯特・塞法斯（Robert Seyfarth）對達爾文主義的傳統假設提出了質疑，該傳統假設認為，在不同物種的群體中，最具攻擊性、競爭性和支配性的物種，擁有生養更多後代的特權。

他們對狒狒的社會行為進行研究，在波札那對九十隻狒狒的社會習性，進行了超過十五年的研究，並在一本引人入勝的書中介紹了自己的研究成果，書名是《狒狒形而上學——社會心智的進化》（*Baboon Metaphysics: The Evolution of a Social Mind*）。他們發現，雌性狒狒生育能力（後代數量）的最佳預測指標，實際上是牠與群體中其他雌性狒狒的社會連結強度。他們還發現社會關係發達的雌性狒狒，其後代存活率和預期壽命更高。

為了科學起見，兩位研究人員毫不猶豫地動起了手：他們檢查雌性狒狒的糞便，追蹤牠們在經歷緊張和壓力時，通常會分泌的物質。狒狒群體中某一親密成員的死亡，會導致糞便中這些物質的含量增加。但研究人員很快發現，在悲劇發生後，雌性狒狒會與新的雌性狒狒建立社會連結，牠們糞便中的痛苦指標也隨之消失。看來，即使是自然選擇，也更青睞在家庭內、外建立社會連結的狒狒。另一項研究發現，花時間為其他黑猩猩除虱的黑猩猩，其體內的催產素（一種「合作激素」，也被稱為「信任分子」）水準，與血親共處的黑猩猩體內的高激素水準相似。

然而，十九世紀末，人類許多類似於除虱的社會活動消失了。工業化帶來新的可能性，替代了人們與土地和小社區的傳統連結，加速城市化進程造成了疏離感。在早期的生活方式中，人們的心理健康、身分認同甚至自我價值感，大部分都來自群體歸屬。然而，今天，我們已經慢慢地、穩步地到達這樣一種境地：

人們的心理幸福感和自尊感，來自其獨特的個人特徵和個人成就。

因此，從十九世紀的鄉村社會到今天，這一路發生了哪些事，是一個很有意思的研究主題。有趣的巧合是，心理學也是在這個時期發展起來的。自阿德勒提出自己的理論以來，行為科學家總會被問及對個人與社會之間重要連結的學術見解。

利己主義與歸屬感之間的平衡

「我們可以想像，一個人站在一條軸線上，軸線的一端是他的自私需求，另一端是他對歸屬感和連結的基本需求。」以色列赫茲利亞跨學科研究中心（IDC Herzliya）的吉拉德．希施貝格爾（Gilad Hirschberger）教授，在數位雜誌《*Alaxon*》的創刊號上寫道，「個體不斷地試圖在個人發展和被他人接受之間保持微妙的平衡。如果他的行為過於自私，就會被社會排斥、孤立。如果他在他人身上投入很多，其個人需求就可能受到影響。這種平衡難以達到，會受許多動態力量的影響。」

我回到希施貝格爾教授的觀點，試圖瞭解影響平衡這個力量的本質。「在我看來，利己主義和歸屬感之間的矛盾，正是心理學的核心所在，」他在接受採訪時說，「如果不需要他人和他人的認可，我們就會以一種純粹自私的方式行事。**由於需要與他人合作才能生存下去，我們在社會中的地位，取決於來自他人的評價，因此我們必須不斷地平衡赤裸裸的個人利益和對歸屬感的渴望。**」

羅伊・鮑梅斯特及其同事進行的一項研究發現，**當群體內的個體之間保持差異，群體也會受益；而當群體內的個體身分趨同，群體就會失去這種優勢**。也就是說，「難以達到的平衡點」處於正確位置時，**受益的不僅是個人，還有社會。**

鮑梅斯特在一九九五年與美國杜克大學的馬克・利瑞（Mark Leary）合著的一篇論文中指出，與周圍環境未有充分連結、社會歸屬感不足的人，很容易出現行為和健康問題。這篇題為〈歸屬需求——渴望人際依戀是人類的基本動機〉（The Need to Belong: Desire for Interpersonal

Attachments as a Fundamental Human Motivation）的論文認為，社會行為在很大程度上，可以用「歸屬感」這個基本需求來解釋。在這篇開創性的文章中，作者聲稱歸屬需求比其他大多數動機來源都重要，我們的思想、情感和行為都集中在這種需求上。鮑梅斯特和利瑞認為，**我們的許多焦慮，都源於對被拒絕和社會孤立的恐懼**。他們的研究引起了極大的關注，反映了人們對其基於社會學、人類學、政治學，當然還有心理學新論點的興趣。

但僅僅有歸屬於群體的渴望是不夠的，利瑞在二〇一五年的一次採訪中如此表示。我們還需要被群體成員接納。傳統上對渴望歸屬感的強調忽略了一個事實，那就是我們不僅僅想要歸屬感——一旦我們成為群體中的一員，就會尋求以某種方式嶄露頭角，可能是試圖成為幽默的搞笑者、電影業最新趨勢的權威，或者以其他各種方式從群體中脫穎而出。

加拿大滑鐵盧大學的伊戈爾・格羅斯曼（Igor Grossmann）和麥可・瓦納姆（Michael Varnum）撰寫了一篇論文，介紹了另一種創新的、主要是社會性的方法，來理解個人主義的增長。二〇一三年五月，格羅斯曼在華盛頓舉行的美國心理科學協會（Association for Psychological Science, APS）會議上，分享了這篇文章的要點。他的演講主題為「美國中產階級個人主義的興起」（The Rise of Middle Class Individualism in America），以兩幅展示一家人坐在餐桌前的插圖開場。其中一幅是二十世紀五〇年代的作品，圖中每個人都在熱烈地交談。另一幅是幾年前繪製的，圖中每個人都在看向房間角落裡的電視機。第一幅插圖中沒有電視機，而第二幅中的電視正在播放一場橄欖球比賽。格羅斯曼認為，這兩幅插圖代表了美國過去五十年間發生的文化變革。在二十世紀中期的傳統社會，人們享受著與親近的人直接互動的樂趣，但這種時代已經一去不復返。現在，人們放棄了人與人之間的互動，轉而選擇適合自己需求和口味的媒體。

資料顯示，美國人變得更加以自我為中心，根據這些資料，格羅斯曼想知道這究竟是一種文化變革（而非政治經濟變革），還是一種由媒體主導的變革。因此，他試圖追蹤與美國城市化和社會階層發展有關的變革帶來的影響。他並沒有依靠問卷調查來收集不耐煩的學生的自我報告，而是研究了真實的資料。

格羅斯曼的研究基於幾個因素，他認為這些因素是社會中個人主義水準的指標：新生兒名字的類型（獨特的名字與常用名字的相對頻率），領導人的話語中，反映個人主義與集體主義的詞彙的流行程度，以及這些詞彙於一段時間內在書中出現的頻率。

在分析新生兒的名字時，一個隱含的假設是，獨特的名字確實反映了個人主義。以傳統指數來看，男孩和女孩被取名為其出生那年的二十個最受歡迎名字之一的百分比（低百分比反映出高個人主義水準）。心理學家珍·特溫格及其同事，對一八八〇至二〇一一年的新生兒名字進行分析，結果顯示，獨特名字的占比持續上升，尤其是自第二次世界大戰以來。

例如，一九四六年，美國有五％以上的男孩叫詹姆士，四％以上的女孩叫瑪麗。在那段時期，三分之一的新生男孩被取名為十大流行名字之一，四分之一的新生女孩也是如此。第二次世界大戰結束後，在美國出生的所有男孩中，有一半是二十三個最常見的名字之一。到了二十一世紀第一個十年的中期，最流行的名字（雅各和艾蜜莉）的相對流行率僅為一％（在以色列也是如此，二十世紀五〇年代最受歡迎的名字，也逐漸讓位給「更酷」的名字。二〇〇七年，只有二．五％的新生男孩，使用最受歡迎的名字「伊泰」）。

在一項特別有趣的分析中，格羅斯曼及其研究夥伴考察了自一八六〇年以來美國總統的演講，標記出表達**個人主義的詞（偏愛、不同、擁有、實現）**和表達**集體主義的詞（給予、歸屬、分享、共同）**。他們確實發現，個人主義詞彙的使用有所增加，在柯林頓擔任總統期間達到頂峰。對一八六〇至二〇〇六年文學文本的類似分析，也發現了相似的結果，變數的統計相關性非常高（在這一時期末稍有減弱）。

格羅斯曼試圖找出使社會更加個人主義的綜合因素。他使用複雜的統計方程式，排除了技術變革的影響。人口密度和城市化的變化、傳染病的發病率及自然災害（人們傾向於在戰爭等集體創傷後，為孩子取一個獨特的名字），也未能提供與個人主義令人滿意的相關性。唯一與

個人主義現象相關的因素是社會階層，由平均收入和教育水準來衡量。隨著收入和教育水準的提高，人們愈來愈傾向給新生兒取獨特的名字，某些詞語也更頻繁地出現在總統的演講中。因此，格羅斯曼認為，**社會階層是衡量社會中個人主義的最佳指標。**

歷史上最自戀的一代

「獨特文化元素」在不同國家的人民自我形象中的重要性，為我們帶來了一些希望，也許全球個人主義上升的趨勢可以有所放緩。如果被要求從不同顏色的筆中選一枝，韓國人會選擇最常見的顏色，而美國人會選擇最少見、獨特的顏色。韓國廣告強調，表現得與他人一樣才是正確的。

但是，無論從心理學還是社會文化角度來看，關於如何平衡對歸屬感和獨特性之需求的討論，無法解釋西方國家的文化風潮，這股風潮帶來了全新的平衡——在保持歸屬感的同時，允許進行近乎自戀的自我表達。**消費文化和社群網路的出現，打破了歸屬需求與個體的自我表達需求之間，微妙的歷史平衡。**消費文化使我們能夠透過選擇自己喜愛的品牌（其中許多品牌都以「我的」或「我」開頭），來強調自己的獨特性，而社群網路允許我們以最積極的方式，向他人展示自己。我們在網路上描述自己的方式，與黯淡無光的現實生活完全不同，而我們的大腦輕易地解決了兩者失調的問題。畢竟，我們早已習慣於把那些可能從負面展示性格（尤其是正直）的資訊放入潛意識。社群網路背後的心理學模型，似乎給充分利用自戀的人打了最高分，換言之，就是那些獲得最多社會關注，但對他人投入相對較少的人。這成就並不令人矚目，因為我們最終需要他人，多過他人需要我們。此外，社群網路作為一種無需做出沉重的承諾，即可傳遞令人渴望的歸屬感的手段，總是充滿誘惑。

這是怎麼發生的？除了購買力增加、教育水準提高和網路技術提供的可能性之外，我們是否還能找到導致自戀和腐蝕性個人主義的其他因素？

心理學家珍．特溫格在《唯我世代——為什麼今日的美國年輕人比以往任何時候都更自信、更果斷、更有權利，也更悲慘》（*Generation Me: Why Today's Young Americans Are More Confident, Assertive, Entitled—and More Miserable Than Ever Before*）一書中回答了這個問題。該書詳細地描述了美國正在為愈來愈多的年輕人所接受的教育付出代價，這種教育將自我價值感置於成就感之上。因此，這些年輕人更喜歡「我自己」，而不是其他任何東西。

作者認為，**父母和教育工作者都是造成歷史上最自戀的一代人的罪魁禍首**——父母沒有給孩子設限，而教育體系則以犧牲自律和教育的嚴肅性為代價，將學生的自我價值感神聖化。在這

個體系中，得到獎品和獎勵是常態，每個人最終都會獲得獎項。「本月最佳學生」、「拼寫獎」、「辯論隊優秀辯手」等，都是為了增強學生自信心而設計的創意稱號。努力學習比學習成績更受重視，每三名教育工作者中，就有兩名願意給學生打高分，只要這些學生能讓他們相信自己已經夠努力。在這種氛圍下，一些低自尊族裔群體在美國學生中的學習成績遙遙領先，也就不足為奇了。

特溫格與同樣專門研究這個主題的心理學家基斯・坎貝爾（Keith Campbell）共同撰寫了《自戀時代——現代人，你為何這麼愛自己？》一書。書中介紹用於識別過度自尊的傳統問卷——調查受訪者對世界的控制欲、將自己定義為「特別的」這個傾向，以及配得感的程度。美國大學生的回答顯示，與一九九六年相比，二〇〇八年的自戀者人數增加了十五％。整體而言，如今四分之一的美國人是高度自戀者，十％被診斷為自戀型人格障礙。這個比例每年都在以可怕的速度螺旋上升，與肥胖症的增長速度一樣。

在艾森豪總統內閣（一九五三至一九六一年）任職的二十三位內閣成員中，只有一位農業部長卸任後出版了回憶錄。相比之下，雷根政府的三十位內閣成員中，有十二位認為自己的生活十分重要，足以引起公眾的興趣，並在一九八九年雷根任期結束後，出版了回憶錄。

隨著自戀現象的日益增多，人與人之間的信任和共情水準在不斷下降，年輕人對其生活中

「有意義的人生信條」的重視程度也急劇下降。一九五〇年，美國有十二%的年輕人認為自己是「重要人士」，到了二十世紀九〇年代初，比例飆升至八十%。心理學家南森．德沃（Nathan DeWall）及其同事進行的研究還發現，流行音樂歌詞中的自戀表達也增加了。

特溫格和坎貝爾還認為，二〇〇八年美國的經濟危機，可歸因於自戀的流行，自戀鼓勵人們超前消費，使自己看起來比實際上更富有、更成功。金融機構提供的信貸助長了一種風氣，在這種風氣下，信用卡數量的增長速度僅次於整容手術的增長速度（自二十世紀七〇年代中期以來，增長了三〇〇%）。這印證了格羅斯曼的研究結果，即**可支配收入的增加是美國社會個人主義增長的原因。**

基斯．坎貝爾在二〇一四年的一次演講中表示，希望這種趨勢及其相關的文化價值觀能夠得到扭轉，不要讓我們再次遭遇經濟崩潰。與此同時，他建議人們不要再把提升自我價值感作為社交目標，而是要培養自制力，在個人和公共生活中多一點同情心。

祕密面前沒有朋友

選擇那些可以分享我們寶貴隱私的朋友。

站在原地，張開雙臂，旋轉一圈。你的手指在空中劃出的圓圈範圍，表示你更希望別人與你身體保持的距離。陌生人侵入我們的個人空間就會讓我們感到受威脅，甚至在電梯裡擠到我們旁邊的人，也會讓我們感到不舒服。我們希望別人尊重的邊界（這樣我們就不會感到不舒服或受威脅），是我們隱私的重要組成部分。

所有生物都有邊界：構成我們身體組織的細胞被一層薄膜包裹著，這層薄膜劃分了細胞內外的界限，就像一個家的牆壁界定了誰住在裡面一樣。這些邊界區分了哪些是暴露給全體公眾的，哪些只留給界限內的人。隱私也設定了類似的邊界。**隱私不僅是我們希望他人與我們保持的舒適距離，還是我們與他人保持距離的權利**，這樣我們就能專注地思考創造了我們內心世界的各種細節，這些細節只有我們自己熟悉。

「隱私」一詞沒有明確的定義，在法律、政治、傳播和哲學中有不同的用法。亞里斯多德最先區分進行公共討論的社會空間，和為個人及其家庭保留的私人空間。著名學者瑪格麗特·米德（Margaret Mead）又從人類學角度進行了補充，指出不同文化透過藏匿、獨身，或阻止公眾接觸祕密儀式的方式來保護個人隱私。其他研究發現，動物也需要隱私。

不同文化間肢體語言的差異，也體現在對私人空間的物理定義上。義大利人在街上與熟人打招呼時，通常會熱情擁抱並親吻對方的臉頰，而日本人則喜歡相互鞠躬，不接觸對方。在日本，觸摸被認為是對隱私的嚴重侵犯。在南美洲，即使是互相不太熟悉的人，交談時的距離也非常近。在亞洲，人們可以接受身體上的接近，主要是因為人口密度高。在美國，人們不喜歡與他人站得太近，尤其是在不認識對方的情況下。

但是，物理距離的有形邊界只是隱私的一個面向。另一個更重要的面向，是我們為自己劃定的想像邊界，**它將「別人對我們的瞭解」與「只有我們自己知道的東西」區分開來。**隱私也是社會存在的必要條件。一個沒有隱私的世界是不被接受的，在這樣的世界裡，患者和醫師之間、律師和當事人之間、朋友之間所說的一切，都會成為公開的資訊。在一個沒有隱私的世界裡，任何社會都無法維持下去。

所有文化都重視隱私，差別在於對隱私的重視程度和保護隱私的方式。來自不同文化背景的跨國夫婦可能會懊惱地發現，兩人之中有一方與朋友暢談夫妻間最近的爭吵，而另一方卻將其視為家庭隱私。舉例來說，在隱私方面，遠離科技的文化與經常在社群媒體展示個人資訊的文化，兩者會採用不同的標準。一些消費者願意放棄自己的隱私，以便獲得根據其同意，與網路上的產品和服務供應商共用的資訊，而量身定制的商業優惠。供應商監控著我們的偏好、購買習慣和感興趣的領域，這些都反映在我們的網路搜尋活動中。功能強大的電腦會處理我們無意中留下的所有痕跡，以便用愈想愈恐怖的細節，精確地描述我們最私密的偏好——我們喜歡哪種顏色，我們認為哪些名人吸引人、哪些又令人討厭等等。

我們透過隱私，來控制他人如何接近我們及我們的祕密。當我們決定誰可以進入我們的私人空間，也是在表達自己的社交選擇。

向他人吐露祕密的誘惑，源於我們希望與我們分享祕密的人值得信任，並以同樣的信任姿態回報我們，甚至成為朋友。然而，在這個等式的另一邊，我們知道如果分享所有的祕密，自己很可能會失去重要的東西：那種有些東西只屬於自己、別人無權接近的感覺。這包括只屬於我們自己的特殊回憶，我們喜歡卻被認為有點怪異的東西，以及我們非常討厭卻不好意思承認的東西。

隱私阻止旁人自由地接近我們——無論是在身體上接近，還是透過有關我們的資訊接近。放棄隱私是非常有誘惑力的，因為這可能使我們成為眾人矚目的焦點，至少暫時如此。在另一個極端，當沒有其他人能進入我們的私人空間，我們就實現了絕對隱私，只需將自己隔離在一個偏僻的地方，就能保持這種絕對隱私。然而，這樣就需要告別所有的朋友，失去向他們展示自身優點的機會。

事實上，隱私和親密是聯繫在一起的。不放棄隱私，就不可能有親密關係。**隱私意味著對個人偏好資訊的控制，同時也是我們成長為具有社交和道德能力的成年人，建立充滿信任、尊重和愛的關係的關鍵。**對個人資訊的控制，使我們能夠根據與他人的親近程度和意願，以不同的開放程度分享我們的資訊。既然放棄隱私是我們進行選擇、發展愛與友誼的基石，那麼為什麼「失去隱私」會威脅到我們作為人類——典型的社會性物種——的生存，答案就十分清楚了。

隱私使我們能夠塑造與他人、與自我的關係。

如果沒有與他人的親密關係，我們的生活總會缺少點什麼。畢竟，若沒有摯愛親友可以分享，那麼我們是誰、我們經歷了什麼，又有什麼意義呢？獲得允許進入我們私人世界的朋友，也是我們敢於自由表達自己，而不會感到尷尬的朋友。但重要的是，需要記住，**我們不僅渴望得到他人的愛，也渴望愛他人、關心他人。**而培養這種親和力所需的資源，就是我們的隱私——在與我們選擇的人分享個人資訊時的控制權。任何未經我們允許而獲取這些資訊的人，都侵犯了對我們來說最重要的東西。

真奇怪，似乎需要隱私的唯一理由，就是讓我們能夠心甘情願地放棄隱私。在放棄隱私的同時，我們將一份大禮送給珍視的人——家人、朋友和其他值得我們信任的人。你看，當我們交出自己的部分隱私，並向他人揭露自己的祕密時，也準備好了改變自己設置的物理邊界，允許他人走近我們，而不會讓我們感到不安。

珍惜小差異

我們是更相似，還是更不同？

大名鼎鼎的讀心術士突然出現在煙霧籠罩的舞臺上。他身上裹著深紅色的長袍，長袍下露出一雙白色的絲絨鞋，頭上戴著黃色的頭巾，頭巾上繫著一顆閃閃發光的綠寶石。兩道斜彎的濃眉在他塗滿白粉的臉上格外顯眼。炫目的聚光燈追隨著他那靈活身體的一舉一動，觀眾的歡呼聲此起彼伏。一位不現身的主持人邀請第一位志願者上臺，參與當晚精彩的開場表演。

轉眼間，一位年輕人登上了舞臺。從他明顯的茫然可以看出，他與表演者並不相識。志願者被要求在一張紙上畫出一幅圖畫，然後把紙摺疊好，裝入信封，放在讀心術士纖細的手中。當志願者完成任務後，讀心術士開始全神貫注地盯著信封，思考片刻後，他自信地宣布：「你畫了一棟房子。」志願者臉上驚訝的表情和這位讀心術士勝利的微笑，說明了一切。

這是超自然的力量在作祟？或者這只是對人性的深刻理解？事實證明，如果被要求畫一幅畫，幾乎所有人都會畫出五種基本形狀之一——房子、樹、汽車、花朵或火柴人。讀心術士要做的，只是快速識別志願者的手部動作和畫畫所需的時間。他的經驗已經告訴他，紙上出現的是五種基本形狀中的哪一種。

真尷尬。難道我們是如此相似，以至於成為娛樂人士和其他人的統計資料，包括那些在完全不瞭解我們的情況下，就試圖迎合我們口味的廣告商？

在表象之下，我們所有人是否都是相似的？

達爾文聲稱，**在特定物種的內部，存在著非常豐富的多樣性**：沒有兩個個體在解剖學、生理或行為構成上是完全相同的。特定物種的成員在細胞結構、戰鬥能力和社交技巧方面各不相同——**這些特徵被認為具有遺傳性，使我們的後代與我們自己更相似，而與其他人更不同。**

所有生物都有相似的遺傳密碼，包括老鼠和人。然而，除了同卵雙胞胎之外，每個人都有獨特的ＤＮＡ，決定了他們的眼睛顏色、血型，以及無數其他生理和生物特徵。兩個人的血緣關係愈近，遺傳密碼的「拼寫」差異就愈小。但是，即使遺傳密碼的差異很小，也會因為基因構成處於活躍或休眠狀態的部分不同，而出現差異。我們和黑猩猩一樣，都有負責生長尾骨的基因。幸運的是，我們的這種基因處於休眠狀態。

我們不僅生來與眾不同，還因人生經歷不同而不斷變化，這些經歷透過創造新的神經元，在現有神經元之間建立新的連接，來改變我們的大腦。研究顯示，我們的大腦可能會在一天之內發生變化。基因和經歷的獨特結合，使我們在生理上與眾不同。以色列魏茲曼科學研究學院的伊蘭・埃利納夫（Eran Elinav）博士和伊蘭・西格爾（Eran Segal）教授斷言，即使是腸道細菌的組成也因人而異。他們認為，菌群多樣性是如此豐富，以至於某些類型的食物可以幫助一些人減肥，但對另一些人的效果卻恰恰相反。同樣地，藥物的療效也會隨著我們的微生物群的不同而變化（微生物群也被稱為「第二基因組」，即我們每個人體內獨特的腸道細菌構成）。

法蘭西斯・高爾頓爵士（Sir Francis Galton）是一位非常多產的研究者（也是達爾文的表弟），他在十九世紀七〇年代發起了一個雄心勃勃的計畫，要用相同的底片，以相同坐姿拍攝個人的合成肖像，來對人進行分類。他認為自己能夠確定兩種肖像類型，它們代表了維多利亞時代所有罪犯的面孔。高爾頓是十九世紀晚期科學風潮顱相學的主要宣導者，顱相學認為人的頭骨形狀和臉部特徵，可以表現一個人的個性。

高爾頓後來承認，在他向倫敦員警廳提供一種基於指紋的識別方法前，他鼓吹顱相學這個做法是錯誤的。他證明，人與人之間的差異，足以透過指紋來區分，但人與人之間的相似程度不足以證明，根據臉部特徵採取預防犯罪措施是合理的。高爾頓和其他人沒能檢測出非同一家族成員之間的身體相似性，而如今的各種生物識別方式的廣泛使用，反映了一個無可辯駁的事實：**我們的身體確實不同。**

但重要的問題並不在於從生理角度看我們有多麼相似或不同。畢竟，生活品質主要是由人格的情感和道德維度決定的：情感維度影響著我們的興奮和沮喪、大喜和大悲；道德維度對社會歸屬感的產生非常重要，而社會歸屬感是人類的重要需求。因此，重要的問題是，我們在這兩個維度上有多相似？

我們首先可以從人類學的角度來看待人類，比較歷史上的各種文化和不同民族。例如，對古代文化的研究顯示，雖然不同的宗教表面上各不相同，但大多數都有相似的基本模式：在廟宇中供奉代表自然現象或與人類的基本生存體驗相關的神靈。宗教的多樣性在人類文化的發展中出現得比較晚。如果你有興趣探尋關於這些過去模式的當代理論，可以查閱「集體無意識」——由心理學家卡爾·榮格創造的術語，用來描述全人類共有的無意識。

志同道合

二〇一〇年發表的一項研究證實了一個假設：無論文化背景如何，人們的情感都是相似的。英國倫敦大學學院進行的這項研究，將英國人與納米比亞的辛巴部落成員進行了比較。該部落的兩萬名成員在與世隔絕的地理環境中，過著完全原始的生活，沒有電、沒有自來水，也沒有正規教育。主持這項研究的蘇菲·史考特（Sophie Scott）試圖回答這樣一個問題：與憤怒、快樂、恐懼、悲傷、厭惡和驚訝等情緒相關的各種聲音，是否在來自不同文化背景的人之間互通。

研究方法是對兩組參與者講同一個故事，喚起他們的某種特定情感，例如透過親人去世的故事來喚起悲傷。然後，研究人員分別播放哭聲和笑聲，要求參與者指出，哪種聲音最能反映他們聽完故事後的感受。辛巴部落成員的哭聲和笑聲被播放給英國參與者聽，反之亦然——辛巴部落成員聽到了來自英國人的哭聲與笑聲。結果發現，兩組參與者都能辨別出聲音背後的情感。

研究結果還顯示，**驚訝、愉悅、憤怒和恐懼等情緒是所有人共有的。**我們與人類同胞共用大部分遺傳密碼，我們都有複雜的交流系統，用來向周圍的人傳達思想、意圖和感受。肢體動作和臉部表情，通常可以在不使用語言的情況下傳遞資訊。但是，這些表達可能因文化而異，在一種文化背景下被理解為示愛的動作，在另一種文化背景下可能會被視為性騷擾。

這些發現支持了之前的研究結果，即**臉部表情代表了許多文化中共有的基本情感**。研究人員認為，儘管臉部結構存在差異，但我們每個人都擁有臉部表情肌肉，而臉部表情能傳達普遍可辨識的情緒。研究人員發現，**笑聲代表了最普遍的跨文化共同點**，他們將其歸因於嬰兒時期對搔癢的反應。這種聲音在母嬰愉快的交流中，發揮著進化作用，研究人員在黑猩猩和其他靈長類動物的聲音中，也發現了這一現象。這些研究結果與達爾文的觀點一致，即**情感是人類進化的一部分**。

潔西卡·崔西（Jessica Tracy）在二〇一四年美國心理科學協會（APS）年度大會的演講中指出，表達自豪的肢體動作和臉部表情，也超越了文化、性別和種族。她認為向他人展示自豪感，是人類提升社會地位的基本機制。來自不同國家和文化的體育競賽獲勝者，表達自豪感的方式都是相同的：面露微笑、高舉雙手並舒展胸廓。崔西研究了二〇〇四年雅典奧運會，柔道比賽獲勝者的肢體動作和臉部表情，發現他們之間有很大的相似性。

研究人員在研究人類相似性的問題上，取得了新的突破，他們發現帕拉林匹克運動會的盲人參賽者也會使用表現自豪的手勢，而他們從未見過這些動作。研究人員稱，表達自豪感的方式如此一致，世界上八十九%的人在地球上的任何地方，都能辨識這些動作。

對微小差異的自戀

二〇一〇年，我參觀了英國倫敦皇家學院一年一度的夏季展覽，目的是做一個小實驗，看看在「購買藝術品」這個在本質屬於情感主題的問題上，人們是更相似，還是更不同。展覽中特別適合實驗的作品是雕刻和版畫藏品。與油畫和雕塑相比，這些作品的價格相對低廉，而且有大量複製品可供購買。

我用可比較的項目來定義各種版畫的特點，如價格、尺寸、色彩、主題、抽象程度、藝術家的名氣，甚至作品懸掛的高度等。接下來，我研究能否得出一個公式，透過比較版畫的上述特徵來預測其銷售情況（每件作品下方都有小紅點標記銷售次數）。我希望發現人們品味的共同點，所選擇的樣本不少於四十五件藝術作品。

為了清楚說明，以下附上我在自己開發的業餘模型中輸入的某些資料：需求量最大的，是英國著名且有爭議的藝術家翠西・艾敏（Tracey Emin）的兩件作品。第一件作品——一幅裸女蝕刻版畫，她的腳下有三根男性生殖器——的兩百份複製品很快售罄。第一根生殖器正跳過跳高欄杆，另外兩根則在排隊等待。這幅畫上寫著：「不知道它們為什麼能跳得這麼高。」第二件作品是一幅小蝕刻版畫，畫的是一隻模糊的貓，色調偏藍，蒼白而無神韻。不過價格可以接受——兩百八十英鎊，創作者同樣是翠西．艾敏。三百幅畫也全部售出。人們購買這幅模糊的貓的蝕刻版畫，是因為藝術家的名氣，還是因為無辜的動物與淫穢的畫作放在一起，為買家提供了一個表達明確道德立場的絕佳機會？

即使是對「黃金矩形」（幾何圖形中令人賞心悅目的特定長寬比例）一無所知的人也不難發現，展覽現場的參觀者始終偏愛長度大於高度的橫向作品。此外，英國人對動物的痴迷也是顯而易見的，兔子、狗和貓尤其熱門。當然還有獅子，我的計算公式將其按照大型貓科動物計算。刺蝟則不在熱賣之列——以刺蝟為主題的三件作品，連一份複製品也沒賣出去。事實證明，畫面中的運動也無關銷量：在一件作品中，鹿群從天而降，其待售的十五份複製品只賣出了四份。

在應用我開發的第一版公式時，一些影響購買者傾向的因素，已經清晰地顯現出來了。**首要因素是價格**。在夏季展覽上，藝術品的價格低廉，仍然是參觀者做出購買決定的核心動機，價格的重要性超過一切藝術價值。同樣顯而易見的是，主題模糊但並非真正抽象的作品很受歡迎，購買者認為，這些作品忠實地反映出自己生活中無奈的不確定性。幽默的作品也很受歡迎。有一件作品是三名女性在洗手間門前排隊的剪影，洗手間門上方還勾勒了相同的剪影，這件作品非常受歡迎，一共賣出了六十份複製品。當然，尺寸也很重要。小件作品也很暢銷。原因十分簡單：小件作品很容易在牆上找到合適的位置，而且價格一般也比較便宜。

經過幾個小時的工作和對資料的統計分類，我建立了一個多變項迴歸模型（感謝法蘭西斯·高爾頓，他開創了統計學的「相關」概念），成功估算出展覽中許多版畫的銷量。我對相當數量的藝術品和參觀者進行的抽樣調查顯示，觀眾的品味是可以用統計數字來量化的，這顯示人們有著共同的品味。但當我把我的發現告訴一位經營當代藝術品畫廊的朋友時，她微笑著嘲諷道：「不用科學家告訴我，我也知道，人們更喜歡庸俗的東西，尤其是便宜貨。」

也許無須研究就能證實，我們心中都對廉價的庸俗作品情有獨鍾，但當我們閱讀其他表達文化品味的榜單時，這個假設就變得沒那麼明顯了。每一個稍有誠信的文學出版人都會承認，他無法事先預測哪本書會登上暢銷書排行榜。即使是擅長迎合大眾喜好的好萊塢電影產業，也無法預知難以捉摸的觀眾拒絕買票時，耗資數千萬、甚至數億美元的電影會失敗。

今天我們知道，我們辨識出某個熟悉的圖案所感受到的安全感，是演化心理學提供的重要益處之一。這可以追溯到遠古時代，那時，如果能及早辨識代表捕食者威脅的圖案，就意味著生與死的區別。在這種情況下，快速將人臉歸為一般類別——而不進行具體區分——可以節省

「評估潛在威脅」這個關鍵過程所需的認知資源。因此舉例來說，我們往往能在世界各地的人身上辨識出很強的相似性。而另一種選擇——對每個個體給予特別關注——則需要投入大量的情感能量，這將犧牲我們認為更重要的功能。

佛洛伊德創造了**「微小差異的自戀」**（narcissism of small differences）這個說法，以**定義我們在他人的行為（如著裝或舉止）中，發現微小差異的能力。**作家兼哲學家斯蒂芬・凱夫（Stephen Cave）在數位雜誌《萬古》（*Aeon*）上發表的一篇有趣報導指出：「作為社會性動物，我們不斷試圖透過他人的行為中最微小的信號和差異，來解讀他人的情緒和意圖。」這些差異被定義為「自戀的」，因為我們最終會將其與自己連結起來，進而幫助我們形成自己的身分認同。

對微小差異的自戀現象在相鄰民族之間的競爭中也很常見，此時微小的差異會被放大，以強化它們彼此之間的差別。例如，除了在土耳其人和希臘人的眼中，土耳其咖啡和希臘咖啡其實沒有任何差別。在古代，部落之間的競爭是對生存的真正威脅，辨識微小差異的能力非常寶貴。然而今天，這種偏見只是模糊了民族間的巨大相似性，如果這種相似性得到適當的承認，將十分有助於改善民族之間的關係。

清晰度問題

即使我們每個人生來都是獨一無二的，但具備社會獨特性對我們大多數人來說，仍然是無法實現的願望。我們都同樣渴望獲得獨一無二的社會地位，而且我們之中的一些人，願意為之付出巨大的代價。許多產品的廣告，尤其是最為人樂道的那些，都旨在強化我們的特殊感。當然，這給廣告商帶來了一個悖論：聲稱購買他們的產品會讓我們變得與眾不同，但如果他們的廣告成功了，我們也只是眾多購買者中的一員。

我們都認為自己很特別，這也正是我們如此相似的原因。這僅僅是清晰度的問題嗎？難道我們所有人在近距離觀察下都是不同的，但從夠遠的距離（和行銷角度）看，卻又非常相似，或者至少可以被歸類為不同的群體？

也許，儘管我們對秩序有著原始的渴望，但自然界有其自身的邏輯：如果電磁現象有時可以作為能量，有時可以作為物質，那麼為什麼人類不能同時具有兩種屬性呢？前一刻，人們還在為成功的音樂演出自發地鼓掌；下一刻，人們已經開始調整自身，配合全場觀眾不斷加速的掌聲節奏。

我相信，我們對愛、認可和社會歸屬感的基本渴望是相似的，但實現這些渴望的方式各不

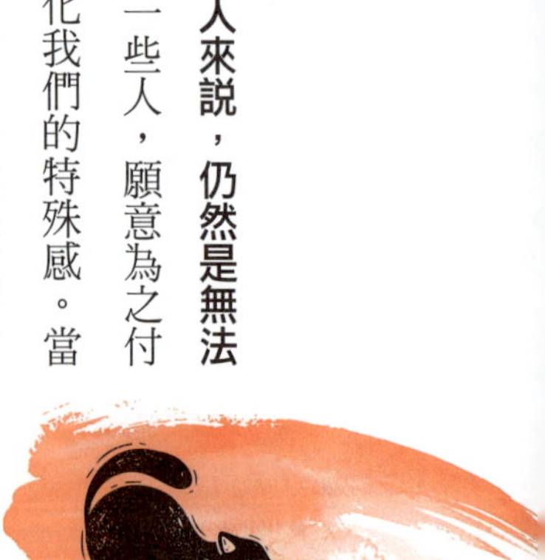

相同。**我們都可以自由選擇如何應對我們所面臨的挑戰，進而承擔起自己不能與他人分擔的責任。**正是在我們的選擇中，蘊含著我們自己真正的獨特性。

尷尬的「財富」

社交不適的信號，可以傳達積極的真實性。

「厚顏無恥。」我寫道，然後點擊「發送」鍵。這句不客氣的話，說的是一位知名商人，他要求我為一項服務支付額外費用，而在我看來，這項服務已經包含在我們的協議中。我把這封郵件發給了我的律師，但我沒有注意到自己點擊了「回覆所有人」——其中就有剛剛被我指責為厚顏無恥的那個人。緊接著，我就接到了一通電話，這時我才知道自己所犯的這個錯誤。對方問：「你寫『厚顏無恥』是什麼意思？」發問者不是我的律師。

尷尬的起源，就像上述例子中的尷尬，是無意中違反社會規則，並導致消極自我感的行為。我們大多數人都會在無意間引起他人注意時感到尷尬。例如，當我們對自己的身體失去控制

（滑倒、在公共場合打翻飲料或放屁）、忘記別人的名字，或者被人拆穿心思時，都會產生這種感受。即使是那些在積極意義上引起過度關注的讚美，也有可能造成尷尬，因為這破壞了我們熟悉的「謙虛」這個社會規範。

因此，**尷尬的基本要素包括違反社會共識的行為、他人在場，以及我們給他人留下不好印象的感覺。**容易感到尷尬的人，享有較高水準的自我意識——他們之中有些人稱自己深受其害。而且與人們普遍認為的相反，這些人並不一定害羞或缺乏社交技巧。尷尬的表現形式包括勉強地微笑（僅嘴角上翹，皮笑肉不笑）、轉移視線或凝視下方、緊張地大笑、摸臉，偶爾也會臉紅。

二十世紀中期，社會學家厄文．高夫曼（Erving Goffman）率先討論尷尬在促進社會運轉方面的重要性。他認為，尷尬顯示個體希望維護每個社會的潛在規範。**透過尷尬，人們宣稱意識到了自己某種令人不快的行為，對此感到後悔，並承諾今後將遵守社會秩序。**在高夫曼看來，人們的生活是如此依賴於他人對自己的看法，以至於人們會盡其所能，以免偏離或違背社會期望。高夫曼將世界視為個體表演的舞臺，他認為，一個錯誤的音符——尷尬事件——可能會破壞整場演出。如果說「尷尬」一詞的字根在羅曼語系的幾種語言中是「障礙」的意思，那麼在他看來，**尷尬就是成功地面對面社交的障礙。**

其他社會學家認為，高夫曼對避免尷尬賦予的核心重要性——怎麼說呢——有點令人尷尬，因此他們試圖從其他方面討論該現象。大多數研究都證實了尷尬在維持社會秩序中的作用，同時也解釋了表現出尷尬的人，在社交中會得到獎勵。他們受到人們的喜愛，被人們認為值得原諒，而且比沒有表現出尷尬的人更值得信賴。

關於這個主題的最新研究成果，來自美國加州大學柏克萊分校。心理學博士生馬修・費恩伯格（Matthew Feinberg）及其同事認為，**尷尬是一種親社會行為的表現——關心他人的福祉，希望避免傷害他人。**也就是說，**尷尬不再是一種非言語道歉，或旨在恢復社會地位的和解姿態，而是一種真正的人格參照。**在《性格與社會心理學期刊》（*Journal of Personality and Social Psychology*）上發表的一項研究，聲稱人們將尷尬的表現視為社會行為的證據、對維護社會規範的關注，及對親社會關係的承諾。因此，人們對尷尬的人做出的反應是，表達信任，並希望與他們走得更近。

研究人員進行了五項一系列的研究。其中一項研究，參與者被要求在攝影機前重現一個發生在自己身上的尷尬事件。另有一份問卷試圖調查他們的社會價值觀，並詢問他們如何在自己和他人之間分配某些東西（如抽獎券）。結果顯示，那些講述特別尷尬的故事，並在臉部表情上表現出更多尷尬的人，表現出更高的親社會性，並在特定的經濟遊戲中，對玩伴有更多的贈與行為。

研究人員希望研究他人是否以同樣的方式看待經歷尷尬事件的人。他們向一組新的參與者展示了第一次實驗參與者的尷尬影片中的四張圖像，並要求新的參與者評估受訪者的親社會行為水準。這些旁觀者認為，在故事中及在鏡頭前的表情上，表現出更多尷尬的人，具有更強的親社會性。這裡的親社會行為，與慷慨、合作、正直、值得信賴和遵守社會行為規範等特質高度相關。旁觀者也表示更願意與表現出更多尷尬的人建立社會關係。

就尷尬的表達方式而言，臉紅——臉部和頸部血管的不自主擴張——似乎占有特殊的榮譽地位。在這方面，好消息來自荷蘭。心理學家科琳・戴克（Corine Dijk）領導的研究團隊發現，臉紅還具有重要的社交功能。違反社會規範或遭遇其他尷尬事件的人，如果臉紅，並表現出達爾文所稱的「所有表情中最奇特、最人性化的一種」，就很可能得到他人的原諒。

雖然語言或行為並不總是判斷個人情感的可靠證據，但數十萬年的進化，讓人類學會靠無意識的表情，成功預測未來的行為。**臉紅和哭泣一樣，是不受人類控制的特質，因此也是和解與社會善意的可靠心理標誌。**

荷蘭研究人員在杜撰的「社會違規行為」（例如因參加聚會而錯過葬禮、肇事逃逸）中，附上了女性的臉部照片。他們要求參與者根據各種評分標準，對這些女性進行評估和給分，評分標準包括參與者對此人的整體印象、同情程度、可信度等等。研究人員還用電腦讓照片中的部分女性顯露出明顯的臉紅。結果顯示，參與者對這些臉紅的女性更有好感，認為她們更值得信賴。研究人員得出結論，**臉紅是一種有益的身體信號，具有保全面子的功能**。因此，在這類情況下掩蓋臉紅或盡量不臉紅，似乎是不明智的。如果我們相信研究人員的論斷，那麼尷尬和臉紅就是一種品質的標記，是個體人格的證明，值得他人把寶貴的情感和物質財富託付給此人。

仔細想想，這還真有點令人尷尬。

信任遊戲

信任與可信度的自我強化循環。

近四十年來，我一直在進行一項研究，研究結果對我來說非常重要：我試圖確定信任他人是否值得——或者更準確地說，在什麼情況下（如果有的話），我們應該在與陌生人交往時，冒物質或情感風險？行為科學家有自己的方法解決這個耐人尋味的問題，但我固執地認為，一般的生活經驗，尤其是商業經驗，同樣可以給我們啟迪。畢竟如果四十多年的人際交往，不是每個研究人員都會認為具有代表性的參與者樣本，那又能是什麼呢？

在漫長的歲月裡，我施與過，也接受過，買過，也賣過，卻沒有得出一個明確的結論。那些並不欠我什麼的人，對我展現了只有家人才有的人情味；而親近的朋友和其他我特別慷慨對待的人，對我甚至連簡單的感謝之詞都沒有。我還停留在起點。很明顯，我可以信任某些自己熟悉的人，但事先的熟悉並不符合科學研究最基本的要求：參與者必須對研究者完全陌生，對研究主題一無所知。

作為一個年輕時選擇放棄學術，轉而投身商業界的人，我已經接受了這樣一個事實：我可能永遠也找不到關於信任這個重要問題的可靠答案。直到近二十年前的一天，發生了一件事。那天晚上，我的妻子不得不取消和我一起去劇院的計畫，因此我多出了一張票。由於我們想看的那場演出很搶手，而且我們預訂了非常好的座位，因此我覺得可以很輕易地賣掉當晚演出的票。演出開始前二十分鐘，我來到售票處，發現生活比我想像中的要複雜得多。

如果你想在演出當晚賣票，你也可能會發現，售票處幾乎總是有未售出的票。即使座位不太好，也能滿足大多數觀眾的需求。那天晚上，我沒能賣出那張多餘的票。我在想，當時我是否可以做些什麼來推銷？

劇院大廳就是實驗室

除了略感失望之外，我突然意識到，這種有趣的情況如果能重複出現，或許可以為我的問題提供答案。這些年來，類似的情形出現過很多次，通常都是因為有人出差，於是形成了一種慣例：我站在售票處附近，以低於票面的價格出售門票，但不還價——「要就買，不要就算了。」即使潛在的買家願意支付的價格略低於我的要價，我也不會讓步。在這種情況下，我賣不出票，而潛在買家只能寄希望於售票處還有更便宜的票，哪怕座位沒那麼好。

我時不時地改變打折的力度，並一絲不苟地記錄結果，就像有志於開展小型研究專案的人一樣。結果相當令人失望，我所能收回的平均回款，甚至還不足我出售門票票價的一半。

幾個月前，我突然看到了曙光。那是一場很受歡迎的舞蹈表演，我和熟悉的售票員面對面，她憐憫地朝我笑了笑。這時，一位年輕女士從寒冷的室外衝了進來。她一邊摘下羊毛帽子，解開厚重大衣的鈕釦，一邊快速掃視售票處附近的區域，注意到我伸出的手裡拿著的票。「多少錢？」她問。「你看著給就行。」我回答道。在最初的驚訝過後，她看了一會兒票，掏出錢包，付了票面上的價格。很明顯地，我發現了一些跡象。但究竟是什麼讓這次交易如此與眾不同呢？

行為科學家試圖使用遊戲來回答我提出的問題，並在實驗室裡分析遊戲結果。其中最為人熟知的，是**「最後通牒賽局」**（Ultimatum Game）。與我研究的情況一樣，這個遊戲也是基於兩位玩家之間的「一次性交易」，而這兩位玩家互不相識，並且無法透過他們在一系列交易中的行為模式建立「信譽」。

即使以「兩列火車同時離站」開頭的數學題會讓你感到噁心，我還是建議你閱讀以下兩個遊戲。它們提供了一個相對簡單的思維練習，帶來了重要的啟示。

最後通牒賽局的玩法如下：

> **兩位互不相識的玩家透過擲硬幣進行競賽。例如，贏家（提議者）獲得一百美元，他必須決定分給另一位玩家多少美元（如果他打算分享的話）。如果輸家（回應者）接受了提議，贏家將保留一百美元減去其分享的部分，減去的部分則交給輸家。若輸家選擇拒絕接受提議，那麼雙方都不會得到一分錢。雙方都清楚遊戲規則。**

回想一下我與希望在演出當晚購票的文化愛好者短暫接觸的本質，你就會意識到，我的個人實驗試圖探究的主要人類特質是信任——在這種情況下，是陌生人之間的信任。我手中的門票相當於「贏得」的一百美元，而我在原票價的基礎上提供的折扣，就是為了賣票而願意放棄的金額。如果潛在購票者選擇拒絕我的報價，那麼我就只能留著賣不出去的票，而潛在購票者則不得不去售票處另買一張，或者在售罄的情況下錯過演出。當我以折扣價提供門票，是冒著經濟和情感上的「風險」，即折扣不能滿足購票者的需求，我的報價會被拒絕，那張門票仍然留在我手中。這種風險正是信任定義的核心。

數百項基於最後通牒賽局的信任研究顯示，提供的金額取決於出價者的性別、雙方的文化背景、教育程度、血液中的睪固酮水平及其他變數（令人驚訝的是，所出金額的大小並不是變數之一）。然而，顯著因素是參與者的一般信任水準。在這些實驗中，大多數參與者都提供了所贏金額的四十%～五十%。在遊戲中，一半的輸家在收到少於二十%的金額時，會輕蔑地拒絕。

最後通牒賽局最初開發於一九八二年，旨在證明人類行為並不總是理性的。對風險的厭惡、對「公平出價」概念的主觀感知及歧視意識，都是可能阻礙個體做出經濟學家所認為的理性經濟行為的人性特徵。從純粹的經濟學角度來看，贏家應該盡可能少給錢，而輸家則應該給多少要多少。

最後通牒賽局仍然是人際信任研究中，最常用的工具。它基於這樣一種假設，即我們每個人信任他人的程度，甚至我們自己的可信度，都是固定的特質，很少隨環境而改變。這個遊戲有很多應用，但它無法解釋發生在劇院大廳的、有人以原價購買我手中的票的恩典。為此，我們需要另一個遊戲：信任遊戲。

信任遊戲也是讓兩位素不相識的參與者配對，進行一次性接觸。擲硬幣的贏家（玩家A）獲得一百美元，贏家必須決定與另一位參與者（玩家B）分享多少金額（如果他願意分享的話）。實驗者承諾將這筆錢翻三倍（由實驗者支付），因此玩家B實際得到的錢，將是玩家A願意放棄金額的三倍。在遊戲的下一階段，也就是最後階段，玩家B必須決定自己願意把三倍金額中的多少錢送還給玩家A。兩位玩家都完全瞭解遊戲規則。

假設你是玩家A，剛剛贏了一百美元。你會給玩家B多少錢？假如你給玩家B五十美元，對方將得到一百五十美元（記住，實驗者會將贏家提供的金額翻三倍）。如果玩家B決定與你平分這筆錢，你最終將得到一百二十五美元（五十美元加七十五美元），比開始時多了二十五美元。若你給玩家B三十三美元，對方將得到九十九美元。如果玩家B決定返還三十美元給你（事實上，這個遊戲中的平均返還率為三十%），那麼你對玩家B的信任將得不到回報。要是你決定把一百美元全部給對方，表示完全信任他，你就可以把「蛋糕」做大到三百美元。如果玩家B也對你表示信任並平分這筆錢，那麼你們每個人最終會得到一百五十美元。

那些決定只分享部分獎金的人發現，他們對對方的信任，只能帶來微薄的紅利（如果有的話）。但是，二十五％的贏家選擇完全信任對方，將獎金全部轉出，他們會發現，只要完全信任，就會有回報，正如那天晚上我在劇院大廳讓購票者決定票價時所發現的那樣。事實證明，你的可信度並非固定不變。相反地，它會根據他人對你的信任程度而變化。信任會提高可信度，**隨著他人對你的信任程度的提高，可信行為會進一步增加。**

信任是長壽的靈丹妙藥

二〇一五年發表在《心理科學》（*Psychology Science*）雜誌上的一篇文章，提供了該領域最新研究的一些見解，其中包括信任有益於健康的證據：以高信任水準為特徵的人，在情緒和身體上都更加健康。其中一項研究甚至斷言，**信任他人的人比多疑的人更長壽。信任他人的人也更願意暴露自己的脆弱**，因為他們期望從他人那裡得到積極的回應，或者相信他人的意圖是真誠的。

這篇文章的作者保羅・范・蘭格（Paul van Lange）從最近的研究中汲取靈感，調查了遺傳和文化因素對信任發展的影響。如今，我們知道遺傳是影響思覺失調症（八十％）、外向性（至少四十％），甚至離婚或政治傾向（約二十五％）的主要因素。因此，研究遺傳因素是否會影響個體的信任程度也就順理成章了。但根據研究結果，信任與遺傳之間的相關性很低，只有十％～二十％（研究考察了同卵雙胞胎之間的信任水準，並將其與異卵雙胞胎之間的信任水準進行了比較）。

范・蘭格認為，**我們正處在一個信任程度下降的時代**。他認為，除了「童年經歷在我們的發展中發揮著核心作用」的這個傳統觀點外，後來的經歷對信任的影響也不小。家中失竊、當權者的虐待或意外失業，都是破壞信任的重大經歷。

童年期後，影響我們信任水準的經歷，包括我們對媒體和社群網路資訊的消費，以及這些資訊的性質，它們有時是批判性的、負面的，有時甚至是居高臨下的。針對負面情緒席捲我們這一時代而開展的研究，列舉了一系列削弱我們相互信任的現象，包括我們在涉及誠信和親社會行為的問題上，對他人的優越感，以及我們愈來愈傾向於認為他人的行為出於私心。

儘管如此，范・蘭格還是得出了樂觀的結論。儘管我們用於檢視現實生活的媒體和社群網路篩檢程式正在侵蝕我們的信任，但「**適度的信任確實會在社會生活中產生良好的結果**」，這一點仍然是正確的，它主要體現在與我們並不熟悉的人的互動中。我們透過與親朋好友的接觸，以及在較小程度上，透過與同事和陌生人的接觸，來調整我們的信任水準。

「一堵高牆」在阻礙我們貫徹這個關於信任重要性的見解。我們發現，近幾十年來，世界上的信任水準有所下降。衡量社會信任水準的常用指標是，同意「大多數人都值得信任」的受訪者與認為「對人再謹慎也不為過」的受訪者的比例（其他指標追蹤公民對政府、員警、媒體和法院等各種社會機構的信任程度）。在過去的七十多年裡，一些西方國家的信任水準急劇下降了五十％以上。這現象被普遍歸因為媒體的滲透性，主要是電視的重大影響。

即使是那些在二十世紀四〇年代，將邱吉爾視為受尊敬的領袖的人，如果每天晚上在電視上看到他衣著邋遢（很少在中午前起床）、經常喝得醉醺醺、在許多言論中帶有種族主義色彩的樣子，也可能會改變對他的看法。據一位消息人士透露，若人們知道他的重要演講是由一位才華橫溢的演員替他朗讀的，那麼人們對其演講的讚賞態度也會發生變化。假如這還不夠，那麼試著想像一下，電視上有一個專家小組在分析邱吉爾的軍事決策。

丟在日本的錢包

然而，問題並不侷限於某位領導人的形象。由於社會信任水準被視為社會資本的可靠指標，許多國家信任水準的急劇下降，影響了以經濟增長為首的一系列問題。

不同國家的信任水準存在很大的差異，這為人們帶來一些希望，希望自己並沒有失去一切。這種差異或許顯示，**文化特徵可以阻止信任這項重要社會資產遭到侵蝕**。在一項研究中，研究人員在世界各地的首都人行道上「遺失」錢包，看看路人將錢包歸還給失主的可能性有多大。研究人員發現，在東京、赫爾辛基或奧斯陸更可能找回丟失的錢包。在一項類似的研究中，研究人員調查了在世界的不同城市裡，未上鎖的自行車需要多久會失蹤。愛德華．班菲爾德（Edward C. Banfield）在二十世紀五〇年代末，研究了義大利南部和北部之間的巨大經濟差距，他將這種差距歸因於義大利兩地信任水準的巨大差異。社會信任水準最終反映了我們相對確定地預測陌生人行為的能力。當對方也是潛在的商業夥伴，信任可以鼓勵商業活動或聯合投資，進而成為許多國家經濟成功故事背後，一個難以捉摸的因素。

說到移民問題，我們發現**一個國家的同質性愈高，信任水準就愈高**。史前祖先的生存需求，賦予我們一種心理過程，使我們能夠辨識與我們相似的「他者」，並信任他們。在同質化的社

會中，與我們相似的人很多。另一個發現是，**歧視少數族裔的國家，損害的是全體公民的信任水準，而不僅僅是受歧視的少數族裔的信任水準。**

為了防止有人出於經濟或政治利益利用我們，有所提防是必不可少的，但我們也需要適當的信任，避免在懷疑他人動機或可信度的重壓下崩潰。沒有令人不安的懷疑，信任他人的人更快樂、更健康，甚至如前所述，更長壽。信任是我們在社群中與他人合作的能力基礎，這不僅是為了我們自己的福祉，也是為了整個群體的利益。因此，在信任水準高的社會中，社會懲罰更有效也就不足為奇了。

如果你贊同一個觀點，即我們應該向有經驗的人學習，那麼值得注意的是，研究發現，個體的信任水準並不會隨著年齡的增長而下降，甚至還會有所上升。我們的生活經驗告訴我們，信任他人能提高我們建設性地解決問題的能力，提高人際關係的穩定性，並使我們有時能對他人的無心之過予以寬容。

但最重要的是，正如那天晚上我在劇院大廳的「即興實驗室」發現的那樣，如果我們冒著風險，充分信任他人，對方很可能就會給我們帶來驚喜，並以同樣的方式回敬我們。有時，我們會得到全價票款，僅此而已；但有時，我們可能會得到值得信賴的商業夥伴，甚至是可以與我們共度合作、健康和長壽人生的伴侶。

美好的競爭開始了

競爭始終伴隨人類——競爭對手占據著我們內心深處的一部分，激勵我們取得最大的成就。

一八三二年五月二十五日，約翰・康斯特勃（John Constable）正忙著為他的傑作〈滑鐵盧大橋的開通〉（The Opening of Waterloo Bridge）做最後的潤色。作為英國十九世紀最偉大的風景畫家之一，他已經為這幅畫工作了十多年，終於要在隔天的皇家藝術學院第六十四屆年展開幕式上，向世人揭開它的神祕面紗。他的作品旁邊掛著威廉・透納（Joseph Mallord William Turner）的〈海景〉（Helvoetsluys），透納本身也是一位藝術天才。看著康斯特勃最後一刻還在努力，透納決定為自己的作品添上一筆：一個漂浮在水面上的紅色浮標。

在灰濛濛的天空和大海的映襯下，那一抹紅色是如此吸引人，以至於觀者無法將視線從它身上移開，當然也不會去看康斯特勃的作品。這是兩位藝術家之間激烈競爭的又一個里程碑。在此前一年，康斯特勃利用他在展覽委員會中的地位，將透納的作品取下，並掛在一個側廳，取而代之的是他自己的作品。

在創意巨匠史詩般的競爭中，透納和康斯特勃的競爭並非特例。十九世紀八〇年代，湯瑪斯・愛迪生和尼古拉・特斯拉（Nikola Tesla）都發明了電氣系統。史蒂夫・賈伯斯和比爾・蓋茲都是電腦時代的先驅，兩人針鋒相對。夏洛克・福爾摩斯和莫里亞蒂教授，以及蒙太古家族和凱普萊特家族，都是西方歷史上著名的對手，無論是真實的還是虛構的。如果你在Google上搜尋任何一位名人，加上「對手」一詞，你會找到一些有趣的結果。

把對手關係看作一種由相互迷戀驅動的超強競爭，被稱為「對手」的雙方，推動彼此取得螺旋式上升的成就，並在對方身上投入更多的精神和情感資源，這一切在一般情況下不會主動發生。二〇一四年，美國紐約大學的心理學家蓋文・基爾杜夫（Gavin Kilduff）在兩組由大學生和跑步者參加的研究中發現，**對手往往具有相同的年齡、性別和社會地位**。真正的對手相互瞭解，事實上，他們往往有著漫長而糾纏不清的歷史。顧名思義，**被稱為「對手」的雙方是勢均力敵的，但他們的成就水準愈高，就愈能推動彼此前進。**

競爭是一把雙刃劍：它不僅會提升成就感，有時還會讓人們做出不道德的行為，如撒謊、欺騙或偷竊。在一系列研究中，基爾杜夫發現，那些被激發競爭意識的人，更容易做出不擇手段的行為，也更容易在認知任務中誇大積極結果。競爭可以解釋行業最高層的醜聞和瀆職行為，甚至可以解釋經濟崩潰背後的一些風險行為。

競爭的社會戲劇性，伴隨著敵意和攻擊性，掩蓋了更深層次的潛意識動力。我們可能會認為宿敵與我們截然相反，但正如基爾杜夫的研究所示，我們的對手比我們敢於承認的更像我們。雖然這似乎是反直覺的，但競爭其實對我們有好處：

承認對手與我們有著相同的最本質特徵，無論好壞，都能幫助我們提升自己的水準，獲得實現更大成功所需的洞察力。

奧森・威爾斯（Orson Welles）在其電影《黑獄亡魂》中，總結了這一觀點：「在義大利，在波吉亞家族統治的三十年裡，有戰爭、恐怖、謀殺和流血，但他們造就了米開朗基羅、李奧納多・達文西和文藝復興。而在瑞士，那裡有兄弟之愛——擁有五百年的民主與和平，而這帶來了什麼？布穀鳥鐘。」雖然這聽起來有些憤世嫉俗，但藝術史學家卻傾向同意這種觀點：文藝復興源自兩位藝術家對成為佛羅倫斯洗禮堂（Florence Baptistery）青銅門設計者的爭奪。

一四〇一年，布匹進口商行會宣布為這座佛羅倫斯最古老的建築設計一套大門，詩人但丁和著名的麥地奇家族成員都曾在這裡受洗。二十三歲的羅倫佐．吉伯提（Lorenzo Ghiberti）贏得了第一名，擊敗了比他更有名氣的對手菲利波．布魯內列斯基（Filippo Brunelleschi）。讓吉伯提獲勝的設計開創了一種新的藝術風格，更自然，更強調透視和主體的理想化。雖然他又花了二十一年才完成這項任務，但這一插曲卻掀起了一場競爭狂潮，成為文藝復興時期的標誌。

實際上，文藝復興時期最重要的藝術成就，都發生在羅馬、佛羅倫斯和威尼斯之間的狹小地帶，當時那裡的人口只有幾十萬。基督教世界中最大的圓頂教堂之一——佛羅倫斯聖母百花大教堂，人體的寫實表現，以及繪畫中的線性透視，都是在文藝復興時期的布魯內列斯基（1377–1446）、達文西（1452–1519）、米開朗基羅（1475–1564）和拉斐爾（1483–1520）等巨匠的競爭中產生的。

根據與他們同時代的藝術史學家喬爾喬．瓦薩里（Giorgio Vasari）的說法，當時菁英藝術家之間的競爭非常普遍。文藝復興時期的羅馬是所有有志於為梵蒂岡——當時最大、且幾乎是唯一的雇主——工作的能工巧匠的家園。在這樣一個受限的環境中，競爭的激烈程度自然不言而喻，而由此產生的藝術作品，至今仍懸掛在世界上的頂級博物館中。將不同藝術家的作品並排展出，以比較技法和風格的做法，自然為每位藝術家增加了壓力。拉斐爾達到了新高度，他受教宗利奧十世（Pope Leo X）的委託，設計了十幅壁毯畫，懸掛在西斯汀教堂（Sistine Chapel）內，米開朗基羅繪製的神聖穹頂下。他的作品受到了所有人的稱讚，除了米開朗基羅。

這並不出人意料。這位著名的雕塑家和畫家的脾氣也是出了名的暴躁。當年輕、英俊的拉斐爾初到羅馬，並很快受到教宗儒略二世（Pope Julius II）的委託時，米開朗基羅便視他為勁敵，並一再指責他剽竊。有一次，米開朗基羅在隔板後面創作他的天花板傑作，目的是不讓拉斐爾看到。拉斐爾也不是縮頭烏龜，他想方設法地看到了這幅作品，並在後來創作的壁畫〈雅典學院〉（The School of Athens）中，加入了一個直接取自米開朗基羅作品的人物坐像。由於這些陰謀詭計，這兩位巨匠之間的競爭，成了西方藝術史上最著名的競爭之一。

直到十六世紀末科學學會成立，重大的科學競爭才開始出現。牛頓和萊布尼茲（Leibniz）之間的激烈鬥爭，或許是早期最引人注目的事件，他們都聲稱自己是第一個發明微積分的人——今天人們普遍認為微積分是他們各自獨立發明的。這場鬥爭造成英國數學界和歐洲數學界之間的巨大裂痕，以至於一個多世紀以來，兩者之間幾乎沒有任何科學知識的交流。

十八世紀初，牛頓為了爭取微積分的優先發明權而不擇手段：一七一二年，倫敦皇家學會（Royal Society of London）發表了一份文件，授予牛頓微積分發明的所有權，並詆毀萊布尼茲。然而，人們在閱讀這份文件時，應該特別謹慎，因為牛頓是當時的學會主席，他親自任命所有委員會成員，甚至親自撰寫了這份文件的大部分內容。兩位數學巨匠從未見過面，人們也不清楚萊布尼茲是否接觸過牛頓的工作。人們只能想像，如果他們在公共平臺上進行富有成效的思想交流，將會如何促進微積分的引入，推動隨後的科學發展。

十九世紀的法國散文家儒貝爾（Joseph Joubert）說：「**爭論或討論的目的不應該是勝利，而是進步。**」一旦新的學會及其出版品讓人們更容易獲取資訊，科學家、研究機構，甚至國家之間的競爭，就會開始推動新的發現。新聞界對這些戲劇性事件的興趣，使科學更多地曝光於公眾視野。在一個著名的案例中，湯瑪斯・赫胥黎（Thomas Huxley）和理查・歐文（Richard Owen）這兩位十九世紀英國著名生物學家之間的爭論，讓聚光燈對準了達爾文的進化論，當時這個理論還鮮為人知。

近年來，最激烈的科學競爭之一，在古人類學家唐納・喬韓森（Donald Johanson）和理查・李奇（Richard Leakey）之間爆發，起因是一些最古老的古人類化石的發現。喬韓森發現了大約三百二十萬年前的「露西」（Lucy）骨架，而李奇則發現了「圖爾卡納男孩」（the Turkana boy），據信比「露西」年輕一百五十多萬年。兩位發現者都將其發現，視為人類和猿類之間眾所周知的「失落的環節」（The Missing Link）。即使在科學界，他們的公開決裂也是引人注目的。自一九八一年以來，這兩位研究人員一直拒絕同臺發表意見，但最終，二〇一一年五月，在紐約美國自然歷史博物館舉行的一場備受關注的活動中，他們終於在臺上碰面，解釋各自的立場，並接受了採訪。此前三十年，就是在這裡，兩人的觀點紛爭首次爆發。

三十年後，他們變得更老成、更睿智了，皆真誠地表示希望將自己的研究結果，與自從兩人結怨以來的許多重大發現結合起來。此外，他們還清楚地意識到彼此的研究是如何互補的：雖然李奇發現了大量化石，但喬韓森更擅長解釋他的發現。

整個社會和社會群體也可以相互競爭。吉姆・麥克萊恩（Jim McLean）在一首民謠中寫道：「殘酷的大雪席捲了格倫科，覆蓋了唐納的墳墓。」這首民謠講述的，是蘇格蘭血腥歷史上最殘酷的事件之一。格倫科大屠殺發生在一六九二年二月的一個清晨，英國當局將其視為對格倫科的麥克唐納氏族未能宣誓效忠威廉和瑪麗（英格蘭、蘇格蘭和愛爾蘭的新共治者）的懲罰。三十八名男子被和他們住在同一個社區的英國士兵殺害，四十名婦女和兒童在家中被燒死，或在其後死於飢餓。麥克唐納氏族認為，這次大屠殺是坎貝爾氏族的復仇行動——鑑於兩個氏族之間的衝突由來已久，這種說法在一些人之中引起了共鳴。這種激烈的氏族競爭始於十四世紀，並以不同的形式延續至今。

競技運動也充滿了競爭。格拉斯哥的足球迷可以支持流浪者隊或塞爾提克隊，這是上文提到的蘇格蘭氏族戰爭的昇華。沒有什麼比得上一九六九年「足球戰爭」後，薩爾瓦多向洪都拉斯宣戰的狂熱。雖然真正的原因是經濟問題，但兩隊球迷在世界盃足球資格賽上發生激烈衝突時，雙方的情緒首次爆發。一九六九年六月二十六日，決定性的第三場比賽在墨西哥城舉行。經過延長賽，薩爾瓦多隊以三比二獲勝。同一天，薩爾瓦多解除了與洪都拉斯的所有外交關係，不到三週，兩國便爆發了戰爭。

雖然部落忠誠在某些科學競爭和國家競爭中發揮了一定作用，正如一些故事所反映的那樣，但它無法解釋許多其他的歷史競爭。為此，許多人試圖揭示科學或現代企業家精神中，偉大競爭的共同點。一個有趣的發現是，**許多為優先權和名聲而戰的人，在童年時期都缺少父親或母親的陪伴。**

二〇〇六年，我協助以色列特拉維夫大學的存在主義心理學家兼哲學家卡洛．史純格（Carlo Strenger），研究以色列高科技企業家的特點。我們共同撰寫的這篇論文名為〈達文西效應〉（The Leonardo Effect），其靈感來自佛洛伊德在一九一〇年發表的一篇文章，探討缺少父親的成長經歷，如何影響達文西的早期發展。我們的研究一致發現，**許多男性企業家傾向於認為他們的父親軟弱、無能、粗暴或缺席。我們用「父愛缺乏」（fatherlessness）來形容這種現象**，正是這種現象，促使一些高科技奇才走向成功，因為他們很早就學會成為自己的父親。這份傑出的名單包括牛頓、達爾文、拉瓦節（Lavoisier）和甲骨文公司（Oracle）創始人賴瑞．艾利森（Larry Ellison），他是比爾．蓋茲在二十世紀九〇年代的競爭對手。

當人們為競爭對手興奮不已時，是否存在更深層次的原因？美國科學史學家法蘭克．薩洛威（Frank Sulloway）在《天生反骨——家庭內的演化戰爭》一書中指出，**最有競爭力的對手通常是長子**。薩洛威以進化論為依據，認為**有限的父母關注資源，是手足間競爭的根源**。長子利用其體型和力量優勢來維護自己的地位，更有可能在身體或智力領域展開競爭。年幼的手足則傾向破壞現狀，形成叛逆的性格。在一項細緻的研究中，薩洛威分析了十八世紀和十九世紀近四千名研究人員和科學家的傳記，其中包括八十三對手足。他發現，弟弟妹妹支持創新理論的可能性是長子的七點三倍。但長子參與競爭的機率是弟弟妹妹的三點二倍。你猜對了：牛頓和萊布尼茲是家中的長子。透納是哥哥，康斯特勃的哥哥是智障人士，所以成功的重任落在了他的身上，他也像長子一樣。

當然，原型就是該隱，他犯下了《聖經》中，第一起出於嫉妒的謀殺案。愛爾蘭原都柏林理工學院在二〇一二年，對手足關係進行的一項綜合研究發現，**儘管大多數人都支持自己的手足，但也有些人表現出競爭的跡象**，甚至近乎徹底的敵意。鑑於西方以成就為導向的文化，三分之一的手足表示彼此存在競爭和情感距離，十五%的手足甚至互不交談，這一點應該不足為奇。當手足間的年齡差距較小、性別相同，或者其中一方具有智力天賦時，競爭就會加劇。

然而，這些解釋仍然缺少了點東西。人們不會對科學、體育或商業產生那麼強烈的情感，只有個人事務才會真正讓人們興奮。既然如此，還有什麼比我們自己更個人化的呢？

分析心理學的創始人、心理學家榮格對競爭進行了相當深刻的探討。他說，我們與對手之間的共同點，比我們願意承認的要多得多。**對手身上能引起我們敵意的特質，恰恰是我們自己想要壓抑的特質：軟弱、焦慮、貪婪、攻擊性、欲望和粗魯，這些都是常見的例子。榮格將這一系列特質稱為「陰影」（the shadow）。**

根據佛洛伊德的理論，我們會否認自己不願意承認的衝動的存在，並將其「投射」到他人身上，以此來保護自己。這使我們將實際上屬於自己的品質、意圖和欲望歸於他人。根據榮格的觀點，這種衝動深埋在我們心靈的「陰影」部分。我們對內心的陰影認識愈少，它就會變得愈黑暗、愈深重。

如果我們把自己「陰影」中的特質，投射到潛在對手身上，當對手的行為與我們相似時，我們就很容易陷入激烈的衝突中。更糟糕的是，要是沒有對手，我們可能會覺得自己缺乏獨立的存在感，沉浸在自己「陰影」的黑暗中。

榮格的「陰影」概念，為我們和對手之間的關係，增添了新的維度。根據榮格的觀點，**我**

們的「人格面具」是我們希望成為的樣子，也是我們希望世界看到的樣子，即我們與他人見面時的社交面孔。「自我」是我們有意識的「我」，而「陰影」則是隱藏在社交面具背後的陰暗面，我們寧願將其忽視和壓抑。一旦我們長大到能夠理解周遭的文化習俗，就會選擇那些被社會所接受的「我」的部分，並將其歸類為「自我」，同時壓抑在社會上不受歡迎的特質——將它們轉移到陰影中，在我們不知道的地方繼續存在。這些特質通常是負面的，但也可能是正面的。它們甚至可能是高貴的品質，但在特定的社會或文化環境中卻不被重視。任何設法控制自己的「陰影」，並對其有清楚瞭解的人，都可能會驚訝地發現，**「陰影」中不僅有可恥的特質，也有一些特別積極的特質。**

榮格稱，「自我」與「陰影」同源，並保持著完美的平衡：**我們人格中的意識部分愈清晰，我們的「陰影」自我也就愈明確。**反之亦然：**不加以控制的「陰影」會對精神造成嚴重破壞。**從你的陰影中找出你一生的對手——你的憤怒之源，或許也是你的創造力之源。如果你對某個人有特別強烈的負面反應，認為他是個十足的混蛋，那就再想一想。這可能是你的「陰影」在起作用。

榮格的朋友愛德華・貝納特（Edward Bennett）在《榮格真言》（*What Jung Really Said*）一書中，對此進行了詳細的闡述。他將這種現象描述成一種直覺反應，它將我們的情緒來源投射到他人身上，通常是透過尖銳的批評或直接的指責。當我們憎恨某個人，我們憎恨的，是他身上屬於我們的某些東西；如果我們沒有在潛意識中認知到對方身上有自己的特質，我們就不會太去在意。

把我們的陰影投射到他人身上，總是比承認和控制陰影要容易得多。當他人把他們的陰影投射到我們身上時，就會鼓勵我們把自己的陰影也投射到他們身上，除非我們意識到發生了什麼。但是，抵禦這種動力學關係，需要非同尋常的自我意識——即使對聰明人來說也是如此。我們為什麼要抗拒呢？在榮格看來，陰影是創造力的泉源。在《擁抱陰影——從榮格觀點探索心靈的黑暗面》（*Owning Your Own Shadow: Understanding the Dark Side of the Psyche*）一書中，美國著名榮格學派作家和分析師羅伯特．強森（Robert Johnson）解釋了為什麼特別有創造力的人之間往往會爆發競爭：「狹隘的創造力總會帶來狹隘的陰影，而更廣博的才能會召喚出更多的黑暗。」

愈有創造力，你的競爭對手就愈多。競爭愈激烈，你取得卓越成就的機會就愈大。

湖的守護者

● 調動個人利益，保護社會資本。

有五%的人無法從音樂中獲得任何樂趣——西班牙巴塞隆納大學的研究人員在為一項「音樂對情緒影響」的評估研究篩選參與者時，驚訝地發現：每二十名候選人中，就有一名對播放給他們的旋律沒有生理反應，他們家中沒有任何類型的音樂播放設備，也不用電腦聽音樂。同樣比例的人群（五%）是色盲或對食物過敏。

大自然賦予人類奇異的特性，包括重要的個人特質，而其分配的方式令人著迷。每二十個美國人中，就有一人患有嚴重的心理疾病，如思覺失調症、持續性憂鬱或躁鬱症。因此，另一項研究發現幾乎每二十名企業高級主管中，就有一名可能是精神病患者，也就不足為奇了。「一比二十」這個比例在反映個人選擇時，很有啟發性：當你的選擇屬於那五%時，無論好壞，你都是特殊的，但你並不孤單。每二十個美國人中，就有一人選擇吃素；每二十個人中，就有一人——顯然不是同一個人——選擇相信賓拉登還活著。

心理學中的「大五人格」（我們已經在〈我見過快樂的保守派〉中討論過）將人類的行為，歸因於人類基本特徵的五個維度**（對體驗的開放性、盡責性、外向性、宜人性和神經質）**的組合，並認為我們可以透過對自己的每種特質進行評比，來定義自己的個性。盡責性代表了我們努力工作、集中精力和承擔責任的意願，簡而言之，就是我們認為那些「認真的人」所具備的所有品質。

當我們審視社會責任和個人責任（我們的價值觀、盡責性和意志力的體現）時，會發現支持一比二十這個比例的證據，來自意想不到的方向。例如，每二十個人中，只有一個人在上完廁所後會正確洗手。美國密西根大學的研究人員觀察了三千七百四十九名公共廁所的使用者，震驚地發現十%的人根本不洗手，三分之一的人不使用肥皂，只有五%的人願意使用肥皂洗手十五秒以上，這是消滅細菌和各種汙染物所需的時間（順便提一下，在個人衛生習慣方面，女性比男性更嚴格）。

透過節食減肥並長期保持較低體重的人口比例，也是一比二十。在缺乏鼓勵器官捐贈的立法或特別計畫的西方國家，有五%的人是器官捐贈者。如果讓我猜的話，大概每二十個人中，就有一個人立遺囑，對自己一生積累的財富和留下的財產負責。

試想一下，一個社會的社會資本池和人際信任水準，就像一片魚類資源有限的湖泊，而這個社會中的每個人，都是生活在湖畔村莊的漁民。這就不難理解，為什麼村子的未來，需要限制居民進行捕撈——為了防止魚群數量下降到危險的程度。超額捕撈的漁民會顯著改善自己的境況，但如果其他人也這樣做，魚類數量就會迅速減少，每個人都會受害，包括超額捕撈的漁民。許多人經受不住誘惑而進行超額捕魚，但社會制度並不譴責他們，有時甚至會讚揚他們的成功。

然而，也有少數人不僅遵守分配的捕魚配額，還努力說服其他人也這樣做；他們想方設法地豐富漁業資源，竭力確保其永續性。我稱他們為「湖的守護者」，而且我已經清楚地看到，每二十個人中，就有一個人有資格成為這個組織的一員。你是其中之一嗎？

尾聲

勿忘你我終有一死。

卡邁恩．福特（Carmine Forte）於一九〇八年十一月二十六日出生於義大利，是一家不起眼的咖啡店老闆的兒子。近一百年後，即二〇〇七年二月二十八日，他在睡夢中去世，去世時，他是英國男爵查爾斯．福特（Charles Forte），也是一家大型連鎖飯店集團——福特集團（Forte Group）——的創始人。福特四歲時，從義大利移民到蘇格蘭，二十六歲在英國倫敦高檔的攝政街開了一家咖啡店。他很快擴大了自己的餐飲和飯店業務，一九七〇年被授予爵士爵位，一九八二年被封為男爵。當然，福特男爵和他的妻子也以對繪畫和其他藝術品的不懈收藏聞名。

二〇一二年六月，福特的繼承人要求倫敦佳士得拍賣行出售逝者的部分藏品。此次拍賣的藏品來自福特夫婦那位於奢華的貝爾格萊維亞區的豪宅。在預展上，佳士得四間寬敞展廳的牆壁上及合適的展櫃裡，陳列著許多物品，證明了福特夫婦高雅的品味和廣泛的藝術興趣：從俄羅斯皇家瓷器到威尼斯風景畫，再到福特爵士伏案工作時坐的椅子。拍賣會的最大亮點是，潛在的資本與政府關係的悲哀證明：福特從翁貝托二世（Umberto II）那裡得到的禮物。翁貝托二世是義大利最後一位國王，一九四六年在位僅三十四天，在義大利投票成立共和國後離開，再也沒有回來。

拍賣會定於上午十點半在拍賣行的主廳進行，這些藏品曾為福特夫婦帶來無窮的樂趣。房間裡擺放了五十多把椅子，供感興趣的人就座，房間兩側的兩個長櫃檯後，有十二名佳士得員工坐鎮，他們隨時準備接受在拍賣預展上看過這些藏品，但不願透露姓名的匿名客戶的電話訂單。在此類拍賣會上，大部分交易都是透過電話進行的，因此買家之間互不見面。房間的牆上掛著幾幅待拍賣的畫作。其中最引人注目的是弗朗切斯科·瓜爾迪（Francesco Guardi）繪製的威尼斯風景畫，瓜爾迪是十六世紀的威尼斯畫家，其獨特風格使一代又一代偽造者模仿他的作品，以至於他死後比在世時更多產。

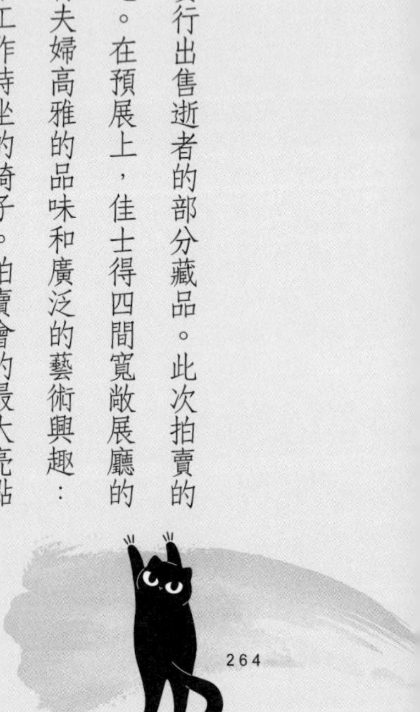

十點三十分，佳士得拍賣行的拍賣師準時走上拍賣臺，他手中拿著木槌，這是拍賣行的拍賣師必不可少的。拍賣師的頭頂上有一個大螢幕，上面顯示著每件拍賣品及最新的出價。螢幕下方將競拍價從英鎊（拍賣用貨幣）轉換成其他五種貨幣，以減輕不知如何將英鎊匯率換算成自己財富計量單位的暴發戶的痛苦。拍賣師準備推出第一件拍賣品，一對十九世紀的大型壁飾，原產地是義大利威尼托，起拍價為五千英鎊。經驗豐富的買家總是坐在後排，這樣他們就可以更從容地觀察此類拍賣中突然出現的迷人競爭，即兩位買家都想得到某件拍賣品，並且各自提高了出價，這往往會遠遠超出其最初的預算。精明的拍賣師不會在價格低廉的拍賣品上浪費時間。這些拍賣品在三十秒內就會被拍走，其中還包括為業餘買家準備的廉價商品，這些業餘買家想在富人沐浴的「奢華湖泊」中徜徉一番，但不欲為此典當自己的房子。價格昂貴的拍賣品會讓拍賣師和買家專注大約一分鐘。而能夠吸引有經驗的商人和專業收藏家的特別昂貴的拍賣品，買家需要進行電話諮詢，經過一番猶豫不決，深呼吸幾次，隨後才會做出重大決定，這也是可以理解的。這樣的拍賣品，每件總共需要三分鐘左右的時間。

十點四十五分，房間裡來了十幾個人。其中一名身著西裝、面無表情、體態臃腫的男子，正在等待一件他心儀的拍賣品——一個鑲嵌著黑檀木和黃銅的紅色玳瑁衣櫥，起拍價為一萬兩千英鎊。目錄詳細介紹了製作衣櫥的法國工匠團隊，鉅細靡遺地描述了這件精美拍賣品的歷史。

我們可以想像男爵的妻子第一次見到它時的激動心情，可能是在另一場公開拍賣會上。這個衣櫥未能拍出超越拍賣行專家評估的上限價格，以一萬七千英鎊的價格成交，像熟透的果實一樣落入胖子手中。如果已故男爵知道他收藏的珍貴物品命運如此，他無疑會重新考慮自己備受爭議的離世之舉。

坐在拍賣廳裡的幾個人，很快就見證了新貴們為獲得「名門貴族」手裡零散的裝飾品而展開的電話較量。第十三號拍賣品在房間裡引起了一陣騷動。這是最後一任來自薩伏依家族的義大利國王送給福特男爵的四件禮物中的第一件。它是一個墨水臺，外型仿照羅馬的迪奧斯庫里噴泉。這個小雕塑由青金石、斑岩和縞瑪瑙製成，不到一分鐘，競拍價格就從一萬七千英鎊飆升到五萬兩千英鎊，最後由一位義大利買家透過電話拍下，他是王室官邸、噴泉或縞瑪瑙的愛好者。

拍賣師是掌握時機和節奏的高手，也是運用人聲的專家，但面對不受公開拍賣廳裡氣氛影響的電話競拍者，他的拍賣效果卻大打折扣。電話中的佳士得工作人員僅憑幾句話，就能讓買家將數萬英鎊揮灑向空中，這份熱情只屬於那些試圖暫時體驗成為自己憧憬對象的人。從拍賣會一開始，一位衣著光鮮亮麗的年輕日本女士就一直坐在拍賣廳裡，她在為第二十三號拍賣品——一張簡單的玻璃桌——做準備，她以起拍價兩百英鎊買下了這張桌子，這給她帶來了一種貴族氣質，正是為了體驗這種氣質，她才從一開始就來到拍賣廳。第二十八號拍賣品是一塊來自伊斯法罕的禱告毯，它讓一位衣衫不整、在豪華大廳裡顯得格格不入的男子從打盹中驚醒。這位裹著寒酸外衣，但經驗豐富的地毯商人發現了這塊地毯，便順手把它收入囊中，加入自己的地毯清單。房間裡瀰漫著的主人的靈魂，不禁為這件曾在書房迎接客人的精美物品流落異國他鄉，流落到他生前從未接觸過的人手中而感到悲傷。緊接著，十個俄羅斯紙盒被搶購一空，之後又有一長串精美的拍賣品被相繼拍走，這些拍賣品在它們的年代，曾讓已故的男爵大開眼界。拍賣廳裡出高價的人不多，男爵的珍寶被分散到了幾位出價最高的人手中。

一位女士在拍賣廳裡打了個噴嚏，差點中斷了第三十三號拍賣品（一件紅木掛鐘）的拍賣。拍賣師稍作停頓，以確定這是不是買主同意加價的信號。那位女士迅速拿出的紙巾讓他也相信，與積累財富相比，健康更重要。在場的幾個人翻閱著手中的目錄，試圖估算還有多久才輪到自己感興趣的拍賣品。

拍賣的平均速度是每件拍賣品不到一分鐘。數十載的收藏在三小時內，便無可避免地全部售出。大多數物品的價格都接近最低成交價。剩下的唯一希望就是，這些藏品能給它們的主人帶來一點生活樂趣，當然，前提是主人能在眾多事務（包括其他藏品）中，抽出時間來欣賞這些藏品。

***

我見過你們人類絕對無法置信的事情。我目睹了戰船在獵戶星座的前沿起火燃燒。我看著C射線在唐懷瑟之門附近的黑暗中閃耀。這些時刻，終將消逝在時光之中，一如眼淚消失在雨中。死亡的時刻到了。

這是雷利．史考特（Ridley Scott）的經典電影《銀翼殺手》最後一幕中，羅伊．貝提的最後一句臺詞。這段令人難忘的電影臺詞，後來被稱為「雨中之淚」獨白。貝提是一個仿生人，在一場大雨中，在他短暫的生命即將按照程序走向終結之前，他說出了這段悲傷的話。荷蘭演員魯格．豪爾（Rutger Hauer）飾演貝提，並創作了他的遺言。此刻，豪爾是作為演員，以片中的仿生機器人發言，回顧由輝煌的銀河戰役編織而成的記憶嗎？還是說，他想到了自己

作為一個男人的個人記憶——他遇過和愛過的人，他在童年時期聽到的、風吹過他家花園的樹葉時發出的沙沙聲，每週安息日的特殊氛圍，或者是他自己職業生涯中的高峰和低谷？他已經知道，這一切都將像雨中的淚般被沖刷而去。

每當想起羅伊．貝提的獨白，我都會問自己這樣一個問題：在我如今的生活中，是否存在一種方法，讓我能夠影響自己未來對「從未有過的生活」這個問題的反應？我並不是在談論改變德爾菲神諭的預言，也不是在講改寫希臘悲劇終章裡，不可避免的情節。既然我無法過別人的生活（套用奧斯卡．王爾德的話，因為別人已經在過那樣的生活了），那麼對我來說，剩下的唯一選擇就是，充滿責任感地過好自己的一生，把握住一生一次、創造有意義生活的機會。

我為書中的一篇文章取名為〈某日，在我更年輕時〉，這或許表達了對不可逆轉的時間流逝的接受，但同時也顯示了一個人的樂觀態度，正是我們當下的行為，塑造了我們在生命盡頭想要珍惜的回憶。為了活得有意義，我們應該預先思考我們在臨終時會有哪些遺憾。我們應該意識到自己智力的侷限，和對偏見的敏感性，並在意識到這一點、瞭解自己在宇宙中的有限位置後謙卑行事。如果我們能理解自己與他人何其相似，我們就能秉持包容、慷慨和接納的態度，這將給所有人帶來希望。重要的是，首先會給我們自己帶來希望。

國家圖書館預行編目資料

如何在黑暗房間找一隻黑貓：放下恐懼、焦慮、偏見與自戀，找回幸福快樂/雅各 · 布拉克（Jacob Burak）著;郭書彩,胡紫薇譯. -- 初版. -- 臺北市：寶瓶文化事業股份有限公司, 2024.09 面； 公分. -- (Vision ; 262)
譯自：How to Find a Black Cat in a Dark Room (Especially When There is No Cat) : The Psychology of Intuition, Influence, Decision Making and Trust
ISBN 978-986-406-436-6(平裝)
1.CST: 人生哲學

191.9 113013587

Vision 262

如何在黑暗房間找一隻黑貓

——放下恐懼、焦慮、偏見與自戀，找回幸福快樂

作者／雅各 · 布拉克（Jacob Burak） 譯者／郭書彩 · 胡紫薇

發行人／張寶琴
社長兼總編輯／朱亞君
副總編輯／張純玲
主編／丁慧瑋 編輯／林婕伃 · 李祉萱
美術主編／林慧雯
校對／李祉萱 · 林婕伃 · 劉素芬
營銷部主任／林歆婕 業務專員／林裕翔 企劃專員／顏靖玟
財務／莊玉萍
出版者／寶瓶文化事業股份有限公司
地址／台北市110信義區基隆路一段180號8樓
電話／(02)27494988 傳真／(02)27495072
郵政劃撥／19446403 寶瓶文化事業股份有限公司
印刷廠／世和印製企業有限公司
總經銷／大和書報圖書股份有限公司 電話／(02)89902588
地址／新北市新莊區五工五路2號 傳真／(02)22997900
E-mail／aquarius@udngroup.com

法律顧問／理律法律事務所陳長文律師、蔣大中律師
如有破損或裝訂錯誤，請寄回本公司更換
著作完成日期／二〇一七年 初版一刷⁺日期／二〇二四年十月七日

ISBN／978-986-406-436-6 定價／四四〇元

寶瓶文化·愛書人卡

感謝您熱心的為我們填寫，對您的意見，我們會認真的加以參考，
希望寶瓶文化推出的每一本書，都能得到您的肯定與永遠的支持。

系列：Vision 262　書名：如何在黑暗房間找一隻黑貓

1. 姓名：＿＿＿＿＿＿＿＿＿＿＿＿性別：□男　□女
2. 生日：＿＿年＿＿月＿＿日
3. 教育程度：□大學以上　□大學　□專科　□高中、高職　□高中職以下
4. 職業：＿＿＿＿＿＿＿＿＿＿＿＿
5. 聯絡地址：＿＿＿＿＿＿＿＿＿＿＿＿

   聯絡電話：＿＿＿＿＿＿＿＿＿＿＿＿
6. E-mail信箱：＿＿＿＿＿＿＿＿＿＿＿＿

   □同意　□不同意　免費獲得寶瓶文化叢書訊息
7. 購買日期：＿＿年＿＿月＿＿日
8. 您得知本書的管道：□報紙／雜誌　□電視／電台　□親友介紹　□逛書店

   □網路　□傳單／海報　□廣告　□瓶中書電子報　□其他
9. 您在哪裡買到本書：□書店，店名＿＿＿＿＿＿＿＿

   □劃撥　□現場活動　□贈書

   □網路購書，網站名稱：＿＿＿＿＿＿＿＿　□其他
10. 對本書的建議：＿＿＿＿＿＿＿＿＿＿＿＿

＿＿＿＿＿＿＿＿＿＿＿＿

＿＿＿＿＿＿＿＿＿＿＿＿

＿＿＿＿＿＿＿＿＿＿＿＿

11.希望我們未來出版哪一類的書籍：＿＿＿＿＿＿＿＿

＿＿＿＿＿＿＿＿＿＿＿＿

亦可用線上表單。

（請沿此虛線剪下）

寶瓶　讓文字與書寫的聲音大鳴大放

寶瓶文化事業股份有限公司

廣　告　回　函
北區郵政管理局登記
證北台字15345號
免貼郵票

寶瓶文化事業股份有限公司　收

110台北市信義區基隆路一段180號8樓
8F,180 KEELUNG RD.,SEC.1,
TAIPEI.(110)TAIWAN R.O.C.

（請沿虛線對折後寄回，或傳真至02-27495072。謝謝）